Carola Lentz
Familie, Arbeit und soziale Mobilität

re:work. Arbeit global
– historische Rundgänge

---

herausgegeben von
Andreas Eckert und Felicitas Hentschke

Band 4

Carola Lentz
Familie, Arbeit und soziale Mobilität

Ghanaische Perspektiven

Die kleine Buchreihe *re:work. Arbeit global - historische Rundgänge* dient dazu, eine öffentliche Vortragsreihe, die *re:work lectures* des internationalen Forschungskollegs „Arbeit und Lebenslauf in globalgeschichtlicher Perspektive", kurz re:work, an der Humboldt-Universität zu Berlin, zu dokumentieren und für die Arbeitsgeschichte im deutschsprachigen Raum nachhaltig zugänglich zu machen. re:work ist ein für den Zeitraum von 2009 bis 2021 vom Bundesministerium für Bildung und Forschung (BMBF) gefördertes Forschungsprogramm (Käte Hamburger Kolleg).

Internationales Geisteswissenschaftliches Kolleg IGK
International Research Center
Arbeit und Lebenslauf in globalgeschichtlicher Perspektive
Work and Human Lifecycle in Global History

GEFÖRDERT VOM

ISBN 978-3-11-067909-0
e-ISBN (PDF) 978-3-11-067916-8
e-ISBN (EPUB) 978-3-11-067924-3

Bibliografische Information der Deutsche Nationalbibliothek
Die Deutsche Nationalbibliothek verzeichnet diese Publikation in der Deutsche Nationalbibliografie; detaillierte bibliografische Daten sind im Internet über http://dnb.dnb.de abrufbar.

© 2020 Walter de Gruyter GmbH, Berlin/Boston
Photographien: Maurice Weiss
Redaktion: Andreas Eckert
Lektorat: Felicitas Hentschke und Sebastian Marggraff
Interview: Ralf Grötker
Druck und Bindung: CPI books GmbH, Leck

www.degruyter.com

re:work

Arbeit global – historische Rundgänge

Als uns das Bundesministerium für Bildung und Forschung (BMBF) Ende 2008 mitteilte, dass das Projekt „Arbeit und Lebenslauf in globalgeschichtlicher Perspektive" als eines der insgesamt zehn Internationalen Geisteswissenschaftlichen Kollegs – später Käte Hamburger Kollegs – zur Förderung angenommen worden sei, ahnten wir noch nicht, dass wir am Anfang eines großen akademischen Abenteuers standen.

Das BMBF hatte uns mit diesem neuen Format die Möglichkeit gegeben, ein innovatives Forschungsprogramm zu entwickeln und jährlich zehn bis fünfzehn Forscher und Forscherinnen aus allen Teilen der Welt einzuladen, um mit uns gemeinsam in Berlin über das Thema „Arbeit" zu diskutieren.

Doch bevor wir die ersten Ausschreibungen verschicken konnten, plagten wir uns mit der Frage, wie man in wenigen Sätzen unser neues Forschungszentrum erklären könnte. Nach langen Gesprächen mit unserem Grafiker sowie Kollegen und Kolleginnen wurde ein „Spitzname" gefunden, der nun international in einschlägigen Zirkeln die Runde gemacht hat – re:work.

In dem Wort re:work stecken unter anderem die drei Begriffe Re-flektion, Revision und Re-imagination: Wir nutzen den Freiraum, der uns gegeben worden ist, um Experimente zu wagen, und neue Wege zu gehen, um über „Arbeit" nachzudenken.

Zunächst einmal: Das Thema „Arbeit" war alles andere als neu, als wir unsere Arbeit mit re:work begannen. Insbesondere von den 1960er bis in die frühen 1980er Jahre war die Geschichte der Arbeit und der Arbeiterbewegung hierzulande ein wichtiges Forschungsthema. Im Zentrum des Interesses stand dabei Deutschland, gegebenenfalls noch der nordatlantische Raum. Die Mehrzahl der Studien handelte vom Aufstieg des Kapitalismus, der Lohnarbeit zu einem Massenphänomen machte, von Industrialisierung und Urbanisierung. Dies ging einher mit der semantischen Verengung des Konzepts Arbeit auf Erwerbsarbeit. Arbeiterbewegungen und Gewerkschaften waren prominente Themenfelder, Arbeiterkultur im weitesten Sinne bildete einen weiteren Schwerpunkt. Zunehmend etablierten sich Genderperspektiven.

In den späten 1980er Jahren hatte Arbeit als Forschungsgegenstand jedoch weitgehend seine Attraktivität verloren. Viel war vom „Ende der Labour History" zu lesen. Mitte der 1990er Jahre kursierte in Historikerkreisen der Witz, wer möglichst wenig Studierende in seinen Seminaren haben wolle, solle sie Freitagnachmittags anbieten, und möglichst zum Thema „Arbeit".

Diese Zeiten sind vorbei. Arbeit ist wieder *en vogue*. Die Finanzkrise, generationelle Konflikte um den Zugang zu Arbeit, der Aufstieg informeller und prekärer Beschäftigungsverhältnisse auch in den westlichen Industrieländern sowie die durch rapiden technologischen Wandel geprägten Veränderungen der Arbeitswelt sind einige der Bereiche, die gesellschaftliche und akademische Debatten zum Thema Arbeit neu befeuert haben. Und nicht zuletzt mit dem Einzug der Globalgeschichte und dem damit verknüpften neuen Interesse an der nichteuropäischen Welt veränderte sich auch hierzulande der Blickwinkel auf den Forschungsgegenstand.

Vor diesem Hintergrund wurde es möglich, gängige Prämissen in Frage zu stellen und neu auf „Arbeit" zu schauen. Wenn beispielsweise in Afrika nur etwa 14% der Bevölkerung in einem formalen Lohnarbeitsverhältnis stehen, was tun die anderen 86%? Wie müssen wir unsere Fragen stellen, um angemessen auf diese Umstände zu reagieren?

Bei re:work haben wir uns auf die Reise gemacht und Spezialisten und Spezialistinnen zum Thema Arbeit aus dem sogenannten „Globalen Süden" getroffen – von China und Indien über Brasilien, Kenia und Mali, bis nach Tadschikistan und Marokko. Wir haben sie gefragt, wie sie Arbeit definieren, auf welchen Grundannahmen ihre Forschung fußt, welche Quellen sie benutzen, wohin ihre Diskussionen führen.

Es haben sich auf dieser Reise einige Kernthemen herauskristallisiert, welche die Debatten bei re:work bis heute prägen: Arbeit und Nicht-Arbeit, freie und unfreie Arbeit, die kritische Reflexion der Vorstellung von „Normalarbeitsverhältnissen", aber auch die Beziehungen zwischen verschiedenen Lebensphasen und der Arbeit.

Diese Themen werden nicht zuletzt in Forschungskontexten außerhalb der westlich dominierten Forschungslandschaft lebhaft diskutiert werden und prägen zunehmend unser Nachdenken über Arbeit. Diese kleine Buchreihe, eine Sammlung von Vorträgen, die im Rahmen der Vortragsreihe *re:work Lectures* an der Humboldt-Universität zu Berlin gehalten wurden, möchte diese Debatten aufgreifen, einige neuere Ansätze und kritische Perspektiven in der Erforschung von Arbeit vorstellen und auf diese Weise das wissenschaftliche Gespräch, das im Umfeld von re:work seit über zehn Jahren geführt wird, auf kompakte Weise zugänglich machen.

Andreas Eckert und Felicitas Hentschke

re:work (v.l.n.r.): Felicitas Hentschke (Programmleitung), Jürgen Kocka (Permanent Fellow), Andreas Eckert (Direktor)

Inhalt

Andreas Eckert
Einleitung —— 1

Carola Lentz
Familie, Arbeit und soziale Mobilität. Ghanaische Perspektiven —— 5

Gesprächsführung: Ralf Grötker
Forschung leben: Ein Interview mit der Ethnologin Carola Lentz —— 29

Lebenslauf Carola Lentz —— 37

ReM ReM Club —— 40

Käte Hamburger Kollegs —— 41

Buchreihe
Work in Global and Historical Perspective —— 42

re:work Impressionen 1

Andreas Eckert
Einleitung

Das umfangreiche und beeindruckende Schriftenverzeichnis von Carola Lentz listet als ersten ihrer zahlreichen Beiträge zu *peer-reviewed journals* einen 1983 mit Marianne Braig in der Zeitschrift *Probleme des Klassenkampfes* veröffentlichten Aufsatz zum Thema „Wider die Enthistorisierung der Marxschen Werttheorie. Kritische Anmerkungen zur Kategorie: ‚Subsistenzproduktion'" auf. Der Bezug zu Karl Marx ist in ihrem folgenden Werk dann immer weniger relevant geworden, und auch weitere Publikationen in dezidiert linken Organen sind in der Liste der Veröffentlichungen nicht mehr zu finden. Geblieben ist jedoch die kritische Beschäftigung mit theoretischen und methodischen Ansätzen sowie mit zentralen Konzepten der Sozial- und Geisteswissenschaften. Familie ist zum Beispiel ein Konzept, dem sich Carola Lentz in letzter Zeit intensiv gewidmet hat und mit dem sie sich auch im vorliegenden Essay auseinandersetzt. Es ist überdies Gegenstand eines größeren Buchprojektes zu Familiengeschichte und sozialem Wandel in Westafrika, das sie gerade zusammen mit einem Ethnologen und einem Filmemacher aus Ghana fertigstellt. Der Clou dabei: ihre beiden Co-Autoren sind zugleich auch Verwandte, denn seit ihrem ersten Aufenthalt in Nordwest-Ghana Ende der 1980er Jahre ist Carola Lentz, wie sie im weiter hinten abgedruckten Interview mit Ralf Grötker erläutert, adoptiertes Mitglied einer ghanaischen Familie.

Als sie ihren Aufsatz über die Marxsche Werttheorie publizierte, war Ghana jedoch noch nicht Teil ihres intellektuellen und persönlichen Kosmos. Zu diesem Zeitpunkt hatte sie in Hamburg das zweite Staatsexamen für das Lehramt an Gymnasien hinter sich gebracht und absolvierte gerade ein Aufbaustudium der Agrarwissenschaft der Tropen und Subtropen an der Universität Göttingen. Promoviert wurde sie schließlich an der Universität Hannover 1987 im Fach Soziologie, und zwar mit der im folgenden Jahr im Campus Verlag veröffentlichten Arbeit „‚Von seiner Heimat kann man nicht lassen'. Migration in einer Dorfgemeinde in Ecuador".

Dieser Studie folgten zwar noch einige weitere Aufsätze mit dem Fokus auf Lateinamerika, aber seit Beginn ihrer Tätigkeit als wissenschaftliche Mitarbeiterin am Institut für Ethnologie der Freien Universität Berlin 1987 stehen Ghana,

---

Im Folgenden wird aus Gründen der besseren Lesbarkeit darauf verzichtet, sowohl die weibliche als auch die männliche Form der jeweils angesprochenen Personengruppe zu benutzen. Die männliche Form bezieht sich auf Personen beiderlei Geschlechts. Wenn z.B. von Wissenschaftlern gesprochen wird, sind immer auch Wissenschaftlerinnen gemeint. Der umgekehrte Fall gilt nicht.

insbesondere der Nordwesten des Landes, sowie das benachbarte Burkina Faso im Zentrum ihrer empirischen Forschung. Auf der Grundlage einer nun mehr als drei Dekaden währenden intensiven Feldforschung in diesen Regionen, ergänzt durch Archivforschung, hat Carola Lentz substantielle Beiträge zu einer ganzen Reihe von Themen und Debatten geleistet. Die enge Verbindung von Ethnologie und Soziologie, verknüpft mit einer dezidiert historischen Perspektive oder zumindest dem Blick für ihre Bedeutung, war damals ein typisches Kennzeichen wenigstens eines Teils der FU-Ethnologie und prägt bis heute die Forschung von Carola Lentz. Ihre im besten Sinne interdisziplinäre Arbeit hat sie weit über das Fach Ethnologie zu einer der auch international anerkanntesten deutschen Kultur- und Sozialwissenschaftlerinnen gemacht.

In den Berliner Jahren beschäftigte sie sich vor allem mit einer Thematik, die in den 1990er Jahren nicht nur mit Bezug auf Afrika enorme Resonanz entfaltete. Die Ethnisierung von kollektiven Identitäten und sozialen Konflikten brandete damals in vielen Teilen der Welt auf. Wer nach Afrika blickte, stand dabei, wie Carola Lentz in grundlegenden Studien ausgeführt hat, vor einem Paradox. Europäische und amerikanische Wissenschaftler betonten, das vorkoloniale Afrika habe nicht aus fein säuberlich abzugrenzenden „Stämmen" oder ethnischen Gruppen bestanden, sondern sei durch vielfältige Gruppenmitgliedschaften und kontextabhängige Grenzziehungen charakterisiert gewesen. Erst durch die Intervention europäischer Kolonialherren hätten sich aus einer Fülle kollektiver Identitäten ethnische Gemeinschaftsideologien entwickelt. Im nachkolonialen Afrika war indes die Vorstellung weit verbreitet, die heute bekannten ethnischen Gruppen existierten bereits seit Jahrhunderten – mit ihren je eigenen Sprachen, Sitten und Gebräuchen. Westliche Medien übersetzten diese Vorstellung eifrig in das allzu simple Erklärungsmuster von den „jahrhundertealten Stammesfehden", wenn es darum ging, Bürgerkriege und größere Konflikte südlich der Sahara zu „erklären".

In ihrer Berliner Habilitationsschrift, die 1998 in gekürzter Form (und immer noch fast 700 Seiten umfassend) unter dem Titel „Die Konstruktion von Ethnizität. Eine politische Geschichte Nord-West Ghanas, 1870-1990" erschien, zeigt Carola Lentz in überwältigender Materialfülle an einem konkreten Beispiel, wie in einer Region, die in vorkolonialer Zeit weder politisch zentralisiert war, noch distinkte „Stämme" kannte, ethnische Kategorien, Grenzen und Institutionen immer wieder neu definiert wurden – von Kolonialbeamten, Missionaren, Ethnologen, Häuptlingen, Arbeitsmigranten und der gebildeten Elite. Alle Beteiligten, legt sie dar, stritten und streiten bis heute miteinander um die richtige, wahrheitsgetreue Darstellung der Vergangenheit. Sie „produzieren Geschichte", so Lentz, um ethnische Grenzen zu definieren, Herrschaftsordnungen zu begründen oder auch nur ein Stück Land für sich zu beanspruchen.

Diese Studie, ohne Zweifel einer der profundesten und empirisch gehaltvollsten Analysen zum Thema „Ethnizität", erschien dann in überarbeiteter und wesentlich schlankerer Fassung 2006 unter dem Titel „Ethnicity and the Making of History in Northern Ghana" in der renommierten Reihe des *International African Institute* auf Englisch. Damit erreichte sie ein weitaus größeres Fachpublikum, obgleich die Debatte über Ethnizität in den Afrikawissenschaften zu diesem Zeitpunkt bereits ein wenig abgeflaut war. Viele Materialien und Einsichten ihrer Ethnizitätsstudien konnte Carola Lentz in ihr nächstes größeres Projekt einbringen, das in die 2013 publizierte Studie „Land, Mobility and Belonging in West Africa" mündete und ihr den Melville J. Herskovits Award der African Studies Association eintrug, den wohl wichtigsten Buchpreis im Feld der Afrikawissenschaften. In dieser Monografie, erneut das Resultat umfassender Feldforschung in Nordwest-Ghana und den benachbarten Regionen von Burkina Faso, zeigt sie in einer Langzeitstudie, wie sich Konzepte wie Eigentum und Zugehörigkeit über die Zeit und aufgrund diverser Faktoren in Gesellschaften verändert haben, die durch große Mobilität und die weitgehende Abwesenheit einer übergeordneten politischen Autorität charakterisiert sind. Das zentrale, differenziert entfaltete Argument lautet, dass auch in den untersuchten Gesellschaften Prozesse der Etablierung von Kontrolle über Land und Menschen wie überall auf einer Mischung aus Zwang und Einverständnis basierten. Unter den Bedingungen der Mobilität kam jedoch überzeugenden Narrativen eine besonders große Bedeutung dabei zu, die Verbindungen zwischen Menschen, Bodeneigentum und Orten zu begründen und zu rechtfertigen. Im Anschluss an dieses Buch erschloss sie mit größeren Projekten und Publikationen zum Thema Unabhängigkeitsfeiern in Afrika erneut wissenschaftliches Neuland.

Das Thema Arbeit durchzieht das wissenschaftliche Œuvre von Carola Lentz seit ihrem allerersten Aufsatz auf vielfältige Weise. Im folgenden Essay verbindet sie, wiederum am ghanaischen Beispiel, Arbeit und Lebenslauf – die zentralen Konzepte von re:work – mit der Transformation familiärer Beziehungsgeflechte und zeigt auf, wie Familien sowohl als Motor als auch als Bremse für die Wandlung der Arbeitswelt und für sozialen Aufstieg wirken können. Ihr Beitrag eröffnet neue Perspektiven nicht nur auf das Thema Familie, sondern zeigt zugleich, wie wichtig der Lebenslauf für das Verständnis von Arbeit sein kann.

Carola Lentz 1

Carola Lentz
Familie, Arbeit und soziale Mobilität. Ghanaische Perspektiven

Ende Dezember 2016 feierte ich gemeinsam mit der großen Dagara-Familie, in die ich 1987 bei meinem ersten Forschungsaufenthalt in Ghana aufgenommen worden war, das erste *Yob Family Homecoming Festival*. Über fünfhundert Familienmitglieder aus vier Generationen kamen für einige Tage im dörflichen Gehöftekomplex in Hamile zusammen, einem Ort an der Grenze zwischen Nordghana und Burkina Faso. Sie waren aus verschiedenen Städten in Ghana und Burkina Faso angereist, aber auch aus Übersee. Der große Familienverband, der sich hier traf, besteht seit geraumer Zeit aus geografisch zerstreuten Einzelhaushalten. Nur eine Minderheit lebt noch auf dem und vom Land. Um 1950 waren fast alle noch Bauern. Inzwischen arbeiten die meisten Familienangehörigen in den verschiedensten nicht-bäuerlichen Berufen, vom Handwerker und Grundschullehrer über den Finanzverwalter und Bankangestellten bis zum Universitätsprofessor und Bischof. Klassenlagen und Einkommen, Lebensstile und Zukunftsvorstellungen sind zunehmend heterogen geworden. Doch gerade mit der geografischen und beruflichen Diversifizierung ist der Wunsch nach Stärkung des Familienzusammenhalts gewachsen. Dafür spielen gemeinsame Feste und die Erinnerung an die Familiengeschichte eine wichtige Rolle. Vor allem die Familienmitglieder in der Diaspora, wie sie sich selbst gern nennen, wollen sich in einer klaren familiären Genealogie verankern. Man sucht geeignete Gründungsahnen, die alle verbinden, will den Herkunftsort in Gestalt des ältesten Gehöfts und des Familienfriedhofs pflegen und erzählt die Familiengeschichte als Fortschrittsgeschichte.[1]

Nicht nur in dieser nordghanaischen Familie, sondern auch in vielen anderen Verwandtschaftsverbänden in Ghana finden um die Weihnachtszeit oder zu Neujahr solche großen Familienfeiern statt. In den letzten zehn Jahren wurden auch viele Familienvereine mit dem Ziel der gegenseitigen Unterstützung und der Wahrung des guten Namens der Familie gegründet (vgl. Noll 2016), ganz ähnlich übrigens wie in Deutschland, wo in einer Zeit gesellschaftlichen Umbruchs, gegen Ende des neunzehnten und zu Beginn des zwanzigsten Jahrhunderts, bürgerliche

---

[1] Für mehr Informationen zu diesem Fest, meiner Aufnahme in die Familie und meiner Arbeit an einem Buch über die Geschichte der Familienerinnerung, gemeinsam mit Isidore Lobnibe, einem Ethnologen und Familienmitglied, vgl. Lentz, Lobnibe und Meda 2018a, 2018b; vgl. auch Lobnibe 2019.

Familien es den Adelshäusern gleich taten und Vereine zur Pflege familialer Solidarität und der Tradierung der Familiengeschichte gründeten (Sabean 2010).

Versetzen wir uns etwas über einhundert Jahre zurück in die Zeit des Beginns der Kolonisierung der Dagara in den Jahren um 1900. Wie wir einigen Berichten von Kolonialbeamten, aber auch mündlichen Traditionen entnehmen können, fanden schon damals immer im November oder Dezember, in der Zeit nach der Beendigung der Hirseernte, überall in der Region große Familien- und Patriklan-Treffen statt. Den Ahnen wurden Opfer gebracht, die jungen Männer und Frauen wurden in den *Bagre*-Kult initiiert, den wichtigsten Geheimbund unter den Dagara, und alle feierten ausgelassene Feste mit Nachbarn und den in ferneren Dörfern lebenden Verwandten (Goody 1972).

Diese Momentaufnahmen zeigen die große Bedeutung der erweiterten Familie – als ökonomisches und soziales Netzwerk, aber auch als symbolische und identitätsstiftende Ressource. Damals wie heute sollten breit gefächerte Familiennetzwerke durch die Feiern gestärkt werden. Sie dienten und dienen dem Austausch von Informationen und Unterstützungsleistungen ebenso wie der Organisation von Arbeit und dem inter- und intragenerationellen Transfer von Ressourcen. Ebenso offensichtlich sind aber auch die massiven Veränderungen: unter anderem der zunehmende Verlust der Funktion von Familie als bäuerlicher Produktionseinheit; die wachsende Trennung von Arbeits- und Familiensphäre, von öffentlich und privat; neue inter- und intragenerationelle Entscheidungshierarchien, Geschlechterbeziehungen und Autoritätsrollen sowie sich verändernde Vorstellungen von Mitgliedschaft in der Familie.

Die Geschichte der Yob-Familie, auf die ich immer wieder zurückkommen werde, ist eingebunden in die radikale sozioökonomische Transformation der ghanaischen und vieler anderer Gesellschaften des Globalen Südens in den letzten rund einhundert Jahren.[2] Aus kolonialen Agrarwirtschaften, mit Enklaven von landwirtschaftlicher Exportproduktion und Bergbau, wurden heterogene, partiell urbanisierte Ökonomien mit kommerzialisierter Agrarproduktion, einigen industriellen Zentren und stark wachsendem Staatsapparat und Dienstleistungssektor, ohne dass jedoch die Subsistenzlandwirtschaft ganz verschwunden wäre. Eine zentrale Achse dieser Transformation ist Arbeit: die Veränderung von Arbeitsprozessen und -beziehungen, das Entstehen neuer Tätigkeitsfelder mit neuen Bildungsanforderungen und Qualifikationsprofilen, die räumliche Neuordnung von Produktion und Reproduktion und vieles mehr. Diese Umwälzungen setzen für die Gestaltung individueller Lebensläufe neue Rahmenbedingungen und Herausforderungen und bieten Chancen sozialer Mobilität. Sie beinhalten aber auch

---

2 Zur politischen Transformation Nordghanas vgl. Lentz 1998 und 2006.

Risiken von Marginalisierung und Abstieg. Dabei sind individuelle Bildungs- und Arbeitsbiografien in familiäre Beziehungsgeflechte eingebettet – das möchte ich in meinen Ausführungen zeigen. Familien können, wie familienhistorische Untersuchungen zur Industrialisierung im Globalen Norden gezeigt haben (vgl. weiter unten), sowohl als Ressource und Stütze als auch als Bremse für individuellen sozialen Aufstieg und für die Transformation der Arbeitswelt wirken.

In Ghana und vielen anderen Ländern des Globalen Südens hat sich in den letzten Jahrzehnten eine rasch wachsende Mittelklasse entwickelt, mit White Collar-Jobs, neuen Konsummustern und Lebensstilen sowie ambitionierten individuellen Zukunftsplänen und vor allem auch neuen Projekten für die Kinder.[3] Dennoch finden wir keinen durchgängigen Trend zu einer Auflösung größerer Familienverbände zugunsten von Klein- bzw. Kernfamilien.[4] Mittelklasseangehörige leben ihren Alltag zwar eher in kleineren urbanen Haushalten, und sogar bei den Subsistenzbauern auf dem Land ist die Größe der Haushalte geschrumpft. Dennoch bleiben sie eingebunden in multilokale große Mehrgenerationenfamilien. Wir können keine durchgängige Individualisierung und Autonomisierung von Biografien sowie eine massive Pluralisierung von Lebensformen beobachten, wie sie etwa Ulrich Beck (1986) prognostizierte. Was wir aber sehr wohl beobachten können, sind Diskussionen darüber, ob die erweiterte Familie ein Aufstiegshindernis oder vielmehr eine unverzichtbare Ressource sozialer Mobilität ist. Solche Diskussionen werden nicht nur unter Wissenschaftlern geführt, sondern auch unter Politikern und vor allem in den hinsichtlich Klassenlagen und Lebensstilen zunehmend heterogener werdenden Familien selbst.

Familien spielen eine wichtige Rolle in den umfassenden sozioökonomischen Transformationsprozessen, die viele Gesellschaften des Globalen Südens seit dem Zweiten Weltkrieg erfahren haben. Hier genauer nachzufragen, scheint mir eine wichtige Ergänzung zu den Fragenbündeln, die James Ferguson und Tania Murray Li (2018) kürzlich skizziert haben. Sie wollen der nicht mehr stim-

---

[3] Einen Literaturüberblick zur Mittelklasse im Globalen Süden bieten Lentz 2015 und 2016 sowie Neubert 2019.
[4] Familie ist ein vieldeutiges, flexibles und schwer einzugrenzendes Phänomen. Elemente von Ko-Residenz, Reproduktion und Abstammung gehören in unterschiedlichen Mischungen dazu, aber die Vielfalt der Familienformen ist groß. Hill & Kopp (2013: 11–13) schlagen folgende Arbeitsdefinitionen vor: eine Kernfamilie (sinnvoller als Kleinfamilie, weil Kernfamilien durchaus groß sein können) besteht aus Mitgliedern zweier Generationen; eine erweiterte Familie umfasst in der Regel drei Generationen oder aber auch miteinander verwandte Kernfamilien (z.B. von Brüdern), die unter einem Dach leben. Ich benutze „Familie" relativ lose und folge dem Sprachgebrauch meiner ghanaischen Gesprächspartner, die auch bei Verwandtschaftsnetzwerken, die nicht durch ständige Ko-Residenz geprägt sind, von „family" oder „extended family" sprechen.

migen modernisierungstheoretischen Transformationserzählung von „farmbased and ‚traditional' livelihoods" hin zu „‚proper jobs' of a modern industrial society" (2018: iii) nuancierte Szenarien entgegensetzen, fragen aber nur am Rande nach der Einbettung einzelner Lebensläufe in familiäre Zusammenhänge. An Beispielen aus Nordghana möchte ich die Dynamiken sozialer Mobilität und Arbeit im Kontext der Koordinaten biografische Zeit – Familien-Zeit – historische Zeit (Hareven 1977) erkunden. Wie haben sich im Zuge der Deagrarisierung das Verständnis von Familie und Ressourcentransfers zwischen den Generationen verändert? Wie gestalten sich Autoritätsrollen, wenn der bäuerliche Hof als ökonomische Lebensgrundlage an Bedeutung verliert, als symbolische Ressource sozialer Zugehörigkeit aber immer wichtiger wird? Wie werden individuelle Bildungs- und Berufsbiografien zwischen Geschwistern und Cousins koordiniert? Welche intragenerationellen Unterstützungsleistungen ermöglichen den Aufstieg, welche federn den drohenden Abstieg ab und welche Sanktionsinstanzen greifen? Wie werden die gesellschaftlichen Rahmenbedingungen von Bildungsinstitutionen, Arbeitsmarkt und Sozialversicherungssystemen in der Familie verhandelt? Zwischen individuellen Lebensläufen und gesellschaftlichen Entwicklungen vermitteln, so meine These, durchaus eigensinnige familiäre Dynamiken.

Die Geschichte der Yob-Familie kann uns anregen, unser theoretisches Verständnis des Zusammenhangs von Familie, Arbeit und sozialer Mobilität zu schärfen. Ich möchte dabei in drei Schritten vorgehen. Zunächst will ich einen Blick auf bestehende Theorieangebote werfen, die das Fortleben scheinbar traditioneller, erweiterter Familienverbände in sich modernisierenden Gesellschaften thematisieren. Zweitens will ich am Beispiel der Yob-Familie auf die sich verändernden inter- und intragenerationellen Beziehungen und ihre Rolle für soziale Mobilität eingehen. Zum Schluss möchte ich zur Frage nach der Rolle der Familie in gesellschaftlichen Transformationsprozessen, die auch die Arbeitswelt tiefgreifend verändert haben, zurückkehren.

Theoretische Inspirationen

Bei Diskussionen über die Rolle der Institution Familie im Kontext von sozioökonomischer Transformation, sozialer Mobilität und sich verändernden Lebensläufen stößt man oft auf ein idealtypisches, normativ aufgeladenes Konstrukt, das es zu durchbrechen gilt, wenn man theoretisch und empirisch vorankommen möchte. Ich meine damit ein evolutionistisches Narrativ, das den Aufstieg moderner Industriegesellschaften mit der Durchsetzung moderner Kern- oder Kleinfamilien verkoppelt. Dieses Narrativ unterstellt, dass erweiterte Familiennetzwerke, Groß- oder Mehrgenerationenfamilien typisch und funktional seien für traditionell und agrarisch geprägte Gesellschaften; in modernen Kontexten seien sie letztlich ein dem Untergang geweihtes Überbleibsel aus solchen früheren Gesellschaftsformationen. Diese Annahme einer Dichotomie von Kernfamilie in der modernen Industriegesellschaft versus mehrgenerationelle Großfamilie in vormodernen Agrargesellschaften hat zahlreiche Verästelungen, die ich hier nur andeuten kann. Dazu gehören Annahmen über Modernisierung als Prozess der zunehmenden Trennung von öffentlicher Arbeitssphäre versus privater Reproduktionssphäre, über die Entpolitisierung von Verwandtschaftsbeziehungen und die Verlagerung ihrer vormodernen politischen Rolle ausschließlich auf den modernen Staat und dergleichen mehr.[5]

Die französische Ethnologin und Familiensoziologin Martine Segalen argumentierte schon Anfang der 1980er Jahre, das Thema Familie sei schwierig, weil sich seit Beginn der Industrialisierung im neunzehnten Jahrhundert wissenschaftliche Analysen von Familienformen mit praktisch-politischen Reform- und Antireform-Diskursen vermischt hätten. Dabei würden viele Autoren die Familie in sich modernisierenden Gesellschaften als labil, in Krise und Auflösung begriffen und von staatlicher Regulierung bedroht ansehen; anderen gilt sie als ein mächtiger Zufluchtsort vor den Zumutungen der Moderne und der „kalten" Bürokratie. Beiden Perspektiven lägen normativ gefärbte Vorstellungen von einem geradezu mythischen Idealtypus von solidarischer Mehrgenerationenfamilie zugrunde, der angeblich in traditionellen Gesellschaften dominiert haben soll. Das ist eine historisch regelrecht falsche Annahme.[6] Diese dichotomische Entgegensetzung ist genauso problematisch und beinahe noch hartnäckiger, wenn sie nicht mit der zeitlichen Opposition von früher und heute in der eigenen Gesellschaft operiert, sondern den Gegensatz räumlich konstruiert, als Differenz zwischen Europa und dem sogenannten Rest der Welt. Dabei wird dann, zugespitzt formuliert, die angeblich harmonisch-solidarische afrikanische Großfamilie der egoistisch-individualistischen europäischen Kleinfamilie gegenübergestellt. In zahlreichen Beiträgen zu einem rezenten Sammelband über *Extended Families*

---

5 Für eine klassische Formulierung des Modernisierungsmodells bezüglich der Familienstrukturen vgl. Goode 1963; eine typische Anwendung seiner Annahmen der zunehmenden Durchsetzung von Kernfamilien im Gefolge von Urbanisierung und Industrialisierung auf Ghana bietet Caldwell (1969). In seinem kritischen Rückblick auf Goode stellt Cherlin (2012) fest, dass auch im Westen die Familienformen weitaus komplexer wurden, als Goode prognostiziert hatte. Die problematische „bifurcation in the study of kinship and politics", die aus der evolutionistischen Vorstellung einer Entpolitisierung von Verwandtschaft im Zuge der Entstehung moderner Staaten resultiere, wird von Thelen & Alber (2017) kritisiert.
6 Vgl. dazu Segalen 1990: 1–29 (die französische Originalausgabe erschien 1981); vgl. auch den Überblick in Hill & Kopp 2013: 39–49.

in Africa and the African Diaspora (Aborampah & Sudarkasa 2011) lässt sich etwa beobachten, wie die Vorstellung, es sei notwendig, sich gegen einen Angriff der westlichen Moderne auf die afrikanische Großfamilie zu verteidigen, zur identitätspolitischen Ressource werden kann.[7]

Gegenläufige empirische Untersuchungen und alternative Theoriekonzepte gibt es spätestens seit den 1980er Jahren. Sie haben sich aber nicht in der breiteren Öffentlichkeit durchgesetzt – nicht einmal in der wissenschaftlichen Öffentlichkeit, jedenfalls nicht jenseits der kleinen Gruppe von Familienhistorikern und -ethnologen.[8] Zwei für mich anregende Forschungsstränge, die gegen die Dichotomien argumentiert haben, möchte ich hier exemplarisch anführen.

Der erste hat mit meiner eigenen Wissenschaftsbiografie als langjähriger Mitarbeiterin von Georg Elwert an der Freien Universität Berlin zu tun: die sogenannten Verflechtungsansätze der Bielefelder Entwicklungssoziologen der 1980er Jahre, die Georg Elwert, Georg Stauth, Tilman Schiel und, in einer feministischen Variante, Claudia von Werlhof und Veronika Bennholdt-Thomsen entwickelt haben.[9] Angeregt wurde die deutsche Diskussion in Bielefeld und dann auch in Berlin durch die Arbeiten französischer marxistischer Wirtschaftsethnologen und Afrikahistoriker wie Claude Meillassoux (1976) und durch die Weltsystemansätze von Immanuel Wallerstein (1974) und anderen. Die Bielefelder Verflechtungstheoretiker gingen von der Beobachtung der Resilienz scheinbar traditioneller Verwandtschaftsverbände und subsistenzorientierter Landwirtschaft aus. Über Familienformen und Verwandtschaftsverbände dachten diese Ansätze, mit Ausnahme der feministischen Studien, meist nicht explizit nach, aber implizit war für sie die Fortdauer der bäuerlichen Subsistenzproduktion verkoppelt mit der Kontinuität mehrgenerationeller Familienverbände. Trotz massiver sozioökonomischer Transformationen peripherer Gesellschaften in Richtung kapitalistischer Exportproduktion und Monetarisierung aller Lebensverhältnisse schienen diese Residuen traditioneller Lebensweisen nicht zu verschwinden. Die Erklärung suchten die Bielefelder in der Funktionalität der Subsistenzproduktion für die kapitalistische Produktionsweise.

---

[7] Einen nützlichen Überblick über Forschungen zu afrikanischen Familien bieten Alber & Bochow 2006.
[8] Ich kann im Rahmen dieses Vortrags nicht ausführlicher auf die Geschichte der ethnologischen Familien- und Verwandtschaftsforschung eingehen; dazu gibt es aber ausgezeichnete Darstellungen, wie z.B. knapp und konzise La Fontaine 2001, ausführlicher Parkin & Stone 2003: 1–23, 241–56; vgl. auch Schnegg et al. 2010.
[9] Vgl. etwa den 1979 von der Arbeitsgruppe Bielefelder Entwicklungssoziologen herausgegebenen programmatischen Sammelband *Subsistenzproduktion und Akkumulation*; zur feministischen Variante vgl. Bennholdt-Thomsen 1981 und Werlhof 1985. Einen Überblick über die Bielefelder Schule bietet Bierschenk 2014.

Sie argumentierten in Anlehnung an Meillassoux (1976), dass die Sektoren durch Arbeitsmigration eng miteinander verflochten seien und die bäuerliche Subsistenzwirtschaft Löhne und Reproduktionskosten des kapitalistischen Sektors ständig subventionieren würde. Die Feministinnen dehnten dieses Argument dann auf innerhaushaltliche Arbeitsteilung aus und parallelisierten urbane Hausfrauen in den kapitalistischen Metropolen mit kleinbäuerlichen Familien in der Peripherie. Sie prägten das recht sperrige Konzept von der weltweiten „Hausfrauisierung" der Arbeit. Für das Verständnis der Rolle von Verwandtschaft und Familie für gesellschaftliche Transformationsprozesse waren das durchaus anregende Ansätze, aber doch verschwörungstheoretisch zugespitzt. Dem Kapital wurde eine Handlungslogik und -macht unterstellt, die der Eigenmächtigkeit und Eigensinnigkeit der Familien, Migranten und Subsistenzbauern kaum Rechnung trug.[10]

Der zweite für meine Überlegungen fruchtbare Forschungsstrang sind familiengeschichtliche Studien mit Fokus auf Europa und Nordamerika, wie sie Martine Segalen, David Sabean, Simon Teuscher und andere vorangetrieben haben. Eine zentrale Erkenntnis dieser Arbeiten war, dass im Mittelalter und der frühen Neuzeit im ländlichen Raum keineswegs große Mehrgenerationenfamilien dominierten, jedenfalls nicht flächendeckend. Umgekehrt gingen die zunehmende kapitalistische Durchdringung der häuslichen Produktion, dann Industrialisierung und Urbanisierung keineswegs zwingend mit einer Reduktion von Haushaltsgrößen und der Dominanz von Kernfamilien einher. Wie einige Forschungen zeigten, waren große Verwandtschaftsverbände etwa für das frühkapitalistische Verlagssystem durchaus funktional. Studien zu Industrieproduktion, wie etwa die von Tamara Hareven, fokussierten auf den „aktive[n] Beitrag der Familie zur Industrialisierung und ihre historische Anpassungsleistung in der Industrialisierungsphase" (Hareven 1999: 207).[11] In eine ähnliche Richtung argumentieren neuere familiensoziologische Studien. Das angeblich mit Modernisierung typischerweise verbundene Modell der kleinen Zwei-Generationen-Familie war eher eine mittelschichtspezifische Familienform der 1950er und 1960er Jahre. Modernisierungstheoretisch-funktionalistische Theorien hätten diese historische Ausnahmeerscheinung unzulässigerweise zu einem generellen Entwicklungsmodell erklärt (Cherlin 2012).

---

10 Für eine frühe Kritik an der verschwörungstheoretischen Dimension und der Enthistorisierung der Marxschen Werttheorie bei den Bielefelder Autoren vgl. Braig & Lentz 1983.
11 Vgl. dazu Ehmer, Hareven & Wall 1997, die auch einen guten Überblick über die Familiengeschichtsschreibung geben; weitere Überblicksdarstellungen finden sich bei Mitterauer & Sieder (1982), bei Sabean & Teuscher 2007 und, jüngste Debatten aufgreifend, bei Albera, Lorenzetti & Mathieu (2016).

Als Zwischenfazit können wir festhalten: Familie ist eine flexible Institution, und ihre unterschiedlichen Ausprägungen sind nicht mit bestimmten sozioökonomischen Großformationen gekoppelt. Sogar der Doyen der funktionalistischen Familiensoziologie, William Goode, der zunächst fast apodiktisch die weltweite Durchsetzung der Kernfamilie im Zuge von Industrialisierung prognostizierte (Goode 1963: 6), argumentierte später nuancierter. Mit Blick auf die Rolle von unterschiedlichen Familienformen für soziale Mobilität postulierte er etwa, dass erweiterte Verwandtschaftsnetze auch in modernen Gesellschaften eine wichtige Ressource für sozialen Aufstieg sein können (Goode 1974; zuerst 1966) und dass eher die unteren Gesellschaftsschichten in Nuklearfamilien leben. Es kommt also auf die Details an, oder, um es mit Martine Segalen (1990: 3) auszudrücken: „Die Institution Familie hat sowohl die Fähigkeit zu widerstehen als auch die Fähigkeit, sich anzupassen... [sie ist] eine flexible und widerstandsfähige Institution". Und statt evolutionistischer oder funktionalistischer Großtheorien brauchen wir einen frischen Blick, der aus der Analyse empirischer Befunde heraus Theorien mittlerer Reichweite anstoßen kann.

Intergenerationelle Ressourcentransfers

Jetzt möchte ich nach Nordghana zurückkehren. Zuerst will ich einen Blick auf die familiäre Arbeitsteilung und intergenerationelle Ressourcentransfers werfen und fragen, inwiefern sie soziale Mobilität erleichtern oder erschweren.[12] Dabei interessiert mich besonders der Übergang von einem System, in dem die Familie die wichtigste Produktionseinheit war, zu einer Situation, in der die meisten Familienmitglieder die bäuerliche Produktion verlassen haben, aber dem Familienverband und dem ländlichen Gehöft dennoch in vielfältiger Weise verbunden blieben bzw. bleiben. Diejenigen, die migrieren, brauchten und brauchen die bäuerliche Verwandtschaft und den Zugang zu Land im Dorf lange Zeit als eine Art Notfallversicherung. Im Lauf der Zeit drehte sich aber das Subventionsverhältnis gewissermaßen um: Die außerhalb des Dorfs beschäftigten Familienmitglieder wurden zur ökonomisch unverzichtbaren Stütze der bäuerlichen Wirtschaft. In jedem Fall aber blieb und bleibt auch dann die ländliche Herkunftsfamilie eine wichtige sym-

---

12 Vgl. dazu die klassische Studie zu Vererbung bei den Dagara von Jack Goody (1962); allgemeiner zur Frage von intergenerationellem Ressourcentransfer mit Blick auf sozialen Auf- oder Abstieg vgl. Bertaux & Thompson 1993 und 1997. Zur Relevanz der familiären Traditionen von Habitus, Arbeitsethik und Zukunftsvisionen für soziale Mobilität vgl. auch die Fallstudie von El-Mafaalani (2012) zu deutschen und türkischstämmigen Aufsteigern.

bolische und identitätspolitische Ressource. Ressourcen verstehe ich dabei umfassend als materielle Güter wie Land, Gehöft, Vieh und dergleichen, aber auch als Wissen, Bildung und Fertigkeiten. Auch der Familienname, die Zugehörigkeit zu einem Patriklan und die ethnische Identität samt den dazugehörigen Netzwerken in der dörflichen und weiteren Welt sind für Auf- oder Abstieg wichtige Ressourcen. Und schließlich spielen in der Familie tradierte Einstellungen wie Habitus, Arbeitsethik, Weltanschauungen und Werte eine wichtige Rolle.

Welche Veränderungen zeichnen sich diesbezüglich in der Yob-Familie und benachbarten Dagara-Verwandtschaftsgruppen ab? Bis zu den 1940er und 1950er Jahren, und für einige Lineages der Familie auch noch bis heute, waren die entscheidenden Ressourcen Land und die in der bäuerlichen Familienwirtschaft eingesetzte Arbeit. Land wurde in der Patrilinie vererbt. In der Regel bearbeiteten die erwachsenen Söhne das Land gemeinsam, bis entschieden wurde, es auf die einzelnen Söhne aufzuteilen. Allerdings war bis weit in das zwanzigste Jahrhundert hinein Land keine wirklich knappe Ressource; knapp war eher die bäuerliche Arbeitskraft. Darum konnten die ältesten Söhne, falls es häusliche Spannungen gab, sich mit ihren Ehefrauen und heranwachsenden Kindern auch selbstständig machen und in der weiteren Umgebung nach frischem Land umsehen oder bei einem Mutterbruder ansiedeln.[13] Die jüngeren Söhne blieben dann beim Vater und übernahmen später dessen Land, das sie meist erst nach seinem Tod unter sich aufteilten. In der Regel war aber der ältere Sohn der erste Hoferbe.

Die Subsistenzlandwirtschaft erlaubte kaum die Erwirtschaftung von nennenswerten Überschüssen oder gar von Produkten, mit deren Verkauf Geldeinkommen generiert werden konnte. Das benötigte man aber für den Erwerb von Hacken und anderem landwirtschaftlichen Gerät, diversen Haushaltsutensilien, Fahrrädern und Kleidung. Schon seit den 1920er Jahren tolerierte oder förderte darum der Hausherr die saisonale Arbeitsmigration seiner Söhne in die Goldminen oder die Exportlandwirtschaft im Süden der Kolonie. Diese Migration sollte die eigenen agrarischen Ressourcen nur ergänzen. Die Arbeitserfordernisse der heimatlichen Landwirtschaft blieben der Imperativ, dem sich andere Betätigungen unterordnen mussten. Allerdings kam es durchaus gelegentlich zu Konflikten, und in der Yob-Familiengeschichte wird von „verlorenen" Söhnen berichtet, die nicht wie erwartet aus der Ferne zurückkehrten. Wer den lokalen Wertvorstellungen eines gelungenen Lebens und eines gesellschaftlich anerkannten Mannes genügen wollte, musste sich aber in die bäuerliche familiäre Arbeitsteilung und die damit einhergehenden Autoritätsstrukturen einfügen.

---

[13] Zur agrarischen Expansion bei den Dagara und ihren sich verändernden Modalitäten vgl. Lentz 2013.

Seit den 1950er Jahren eröffneten sich neue Chancen außerhalb der Landwirtschaft, für deren Wahrnehmung neue Ressourcen wichtig wurden, insbesondere Schulbildung, die den Zugang zu neuen Berufsfeldern ermöglichte. Das Kolonialregime und die katholische Mission, die sich 1929 unter den Dagara etablierte, eröffneten Schulen in der Region. Seit Mitte der 1930er Jahre konnten Häuptlingssöhne und Kinder von katholischen Katecheten die Schule besuchen und sich damit neue Berufe erschließen. Erst seit den 1960er Jahren, seitdem die Regierung des unabhängigen Ghana massiv in den Ausbau des Schulwesens investierte, wurde aus einem Angebot für eine Minderheit eine Institution, die alle Kinder durchlaufen sollten. Die allmählich verbesserte Infrastruktur von Straßen und Verkehrsmitteln erlaubte mehr geografische Mobilität. Saisonale, aber auch mehrere Jahre andauernde Arbeitsmigration wurde damit erleichtert, und es wurde für die Migrierenden einfacher, den Kontakt zu ihren Herkunftsfamilien zu halten, wenn sie denn wollten. Neue Tätigkeitsbereiche entstanden zunächst eng an Kirche und Schulen sowie die Kolonialverwaltung gekoppelt: Eine Anstellung als Straßenbauer, Katechet, Polizist, Lehrer, Krankenpfleger, Übersetzer, Gerichtshelfer, Forstarbeiter und ähnliches mehr trat in den Horizont der Möglichkeiten vor allem der schulgebildeten Dagara. Mit Zugang zu Mittel- und Sekundarschulbildung in den 1950er und zu Universitätsausbildungen seit den 1960er Jahren erweiterte sich das Spektrum von Berufen. Dass man auch außerhalb der Heimatregion arbeiten und Rechtsanwalt, Arzt, Universitätsdozent, Finanzfachmann, höherer Regierungsbeamter und vieles mehr werden könnte, erschloss sich den jungen Dagara-Männern und Frauen aber erst allmählich seit den 1970er und 1980er Jahren.

Wie reagierten nun unterschiedliche Familien auf diese neuen Chancen, und wer in den Familienverbänden ergriff sie? Wie sah die Mikrodynamik der Innovationen hinsichtlich Ausbildung und neuer Berufe aus? Ein wichtiger Hebel war die ungleiche Stellung der Söhne in der gerontokratischen Ordnung. Nicht alle Söhne hatten gleich günstige Chancen in der Landwirtschaft. Wie erwähnt, war der älteste Sohn in der Regel privilegiert; aber auch der jüngste konnte sich durch kontinuierliche Unterstützung des Gehöftvorstands Zugang zu größeren Landressourcen erarbeiten. Folglich mussten vor allem Söhne „in der Mitte" zusehen, wie sie ihre Familien gut versorgen konnten. In der Familie von Yob migrierten alle Söhne temporär. Der älteste tat dies nur als junger Mann während zweier Jahre, um dann ganz in den Rang des Erbfolgers aufzusteigen und mit dem Vater das Land zu bearbeiten. Zwei der mittleren Söhne blieben in der Fremde „verschollen"; die Familie in Hamile verlor den Kontakt zu ihnen. Ein dritter betätigte sich als Händler, war viel unterwegs, und auch seine Söhne bearbeiteten in der Heimat nur kleine Stücke Land.

Es war der zweitjüngste Sohn Anselmy, durch die traditionelle Rang- und Erbfolge benachteiligt, der dann die Chance ergriff, die die katholische Missionierung bot. Er wurde 1938 getauft, wie im Übrigen auch der Vater und andere Familienmitglieder, und ließ sich zum Katecheten ausbilden. Er arbeitete nicht in Hamile, sondern anderen Dagara-Dörfern, baute später seine eigene große Farm außerhalb des väterlichen Anwesens auf, auf Land, das sein Vater früher jenseits der Grenze zu Obervolta bearbeitet hatte, und entschied, alle seine Kinder in die Schule zu schicken. Die Arbeit als Katechet außerhalb des väterlichen Gehöfts entzog ihn der direkten Kontrolle durch Vater und Brüder. Die Informationen der Missionare und die erweiterten christlichen Netzwerke machten ihn mit neuen Arbeitsmöglichkeiten vertraut. Für Anselmy selbst geschah all dies noch immer in Kombination mit bäuerlicher Arbeit, die die zeitlichen Rahmenbedingungen setzte, und bis zu einem gewissen Grad blieb er eingebunden in die Familienwirtschaft. Aber seine Risiko- und Innovationsbereitschaft war ungleich höher als die seiner Brüder.

Man kann hier ein gewisses Paradox beobachten, das durchaus Parallelen in europäischen Transformationsgeschichten der frühen Neuzeit findet: Gerade die ungünstige Ressourcenausstattung in der traditionellen Familienwirtschaft erzwang eine Neuorientierung, die dann durch veränderte sozioökonomische Rahmenbedingungen auch möglich wurde. Auf lange Sicht erwies sich das, was zunächst risikoreich erschien, als günstiger. Vor allem der frühe Zugang zu den neuen, allmählich immer relevanter werdenden Ressourcen verschaffte einen Startvorteil. Zum Zeitpunkt der Entscheidungsfindung konnten aber Anselmy und andere Katecheten, die ihre Kinder in die Schule schickten, das noch nicht wissen. Hier spielte darum ein bestimmter Habitus oder eine Persönlichkeit des „Rebellentums" durchaus eine Rolle. So erzählte mir Anselmy etwa, wie er schon als Halbwüchsiger von seinem Vater mit durchreisenden Händlern in deren Heimatstädte geschickt wurde, um ihnen dort zur Hand zu gehen, und wie er sich gegen ungerechte Behandlung empörte und selbstständig auf den Heimweg in das väterliche Dorf machte. Bei seiner Erzählung klang einerseits Enttäuschung darüber an, dass sein Vater ihn offensichtlich als störrisches Kind aus dem Haus haben wollte. Andererseits war er aber auch stolz, dass er es durch seinen unbeirrbaren Ehrgeiz zu einigem Wohlstand und dank der neuen Berufswelt zu überaus erfolgreichen Kindern gebracht hatte. Vielleicht war auch wegen des Risikos der Investition in neue Karrierewege eine Institution wie die katholische Kirche so wichtig: Gottvertrauen und eine neue Solidargemeinschaft der Konvertiten, aber auch die Unterstützung der weißen Missionare halfen, einen zunächst ungedeckten Wechsel auf die Zukunft zu ziehen.

Wie sah der intergenerationelle Transfer von Bildungsressourcen und Zugang zu den neuen Berufsfeldern aus? Wo Väter wie Anselmy für neue Berufsfelder offen waren und ja auch sich selbst in neuen Berufen engagierten, wenngleich noch ohne formale Schulbildung, hatten Kinder bessere Startchancen für

Bildung und damit den Zugang zu neuen Beschäftigungen. Dabei ging es zum einen ganz pragmatisch um Informationen über die neuen Schul- und Berufsangebote; um die notwendigen Kontakte etwa zu Lehrern oder auch Gastgebern, bei denen die Schulkinder am nicht im heimatlichen Dorf gelegenen Ausbildungsort wohnen konnten; um Geldeinkommen, um das Schulgeld zu bezahlen und ähnliches mehr. Zum anderen war aber auch die Vermittlung bestimmter Haltungen und Werte relevant: eine neue Zukunftsorientierung, die Bereitschaft zu Mobilität und die Geduld, für Investitionen in Bildung und Ausbildung erst zu einem späteren Zeitpunkt belohnt zu werden. In einem anderen Forschungsprojekt habe ich Lebensläufe von über sechzig älteren, universitär gebildeten Männern aus Nordwest-Ghana untersucht und auf die familiären Ausgangsbedingungen hin analysiert. Viele waren die ersten Universitätsabsolventen in ihren erweiterten Familien, und alle hatten einen Vater, der während der Kolonialzeit als Katechet, Polizist, Agrartechniker oder ähnliches gearbeitet hatte. In vielen Interviews begegnete mir hier auch ein aufschlussreicher Transfer eines bäuerlichen Verständnisses von „harter Arbeit", von körperlicher auf nicht-körperliche Arbeit, im Sinne von: auch für Angestellten-Karrieren muss man hart arbeiten und diszipliniert sein (Lentz 2008; Behrends & Lentz 2012).

Nicht minder wichtig als die Werthaltungen der Väter waren die Einstellungen der Mütter. Anselmys Frau Catherine zum Beispiel erzählte mir, dass sie ihren Mann bei der Entscheidung, alle Söhne in die Schule zu schicken, sehr unterstützt habe. Allerdings habe sie von den Söhnen, die (noch) nicht auf Internatsschulen waren, verlangt, noch vor dem Schulunterricht Arbeiten im Haus und auf dem Feld zu erledigen. Catherine berichtete aber auch von ihrem anfänglichen Widerstand gegen die Ausbildung der einzigen Tochter. Die Tochter wuchs heran, als Catherine nach den gemeinsam mit ihrem Katecheten-Ehemann absolvierten Außenstationen wieder eine Weile im Gehöft des Schwiegervaters lebte. Alle Schwägerinnen und die Schwiegermutter ließen sie wissen, dass sie nicht mit ihrer Unterstützung im Haushalt rechnen könnten, wenn sie ihre einzige Tochter in die Schule schicken würde. Keiner sei eigentlich bereit, ihr zu helfen, denn das sei Aufgabe der Tochter. Tatsächlich stellte die Frage, welche jüngeren Frauen im ländlichen Haushalt die älteren Frauen tatkräftig unterstützen können, alle bäuerlichen Familien vor große Probleme. In Catherines Fall gelang eine partielle Lösung nur, weil einer der älteren Söhne als Landwirt in das väterliche Gehöft zurückkehrte und mit einer nicht-schulgebildeten Frau verheiratet war, die nun intensiv im Haushalt der Schwiegereltern mitarbeiten konnte. Auch die Töchter dieses Sohns mussten so massiv mit anpacken, dass zeitweilig ihr Schulerfolg gefährdet war. Generell galt es bis weit in die 1970er Jahre hinein als unnötig und unproduktiv, Töchter in die Schule zu schicken. Es dauerte sehr lange, bis erfolgreiche berufstätige Frauen, die ihre Mütter im Dorf dann zumindest finanziell massiv unterstützten, praktisch demonstrierten, dass auch Mädchenbildung keine verlorene Investition sein musste.

Sobald die ersten Mittelstufen- und Universitätsabsolventen erfolgreich Berufseinmündungen gefunden hatten, verbreiterte sich der intergenerationelle Transfer von Wissen, Einstellungen, Erwartungshorizonten und auch materieller Unterstützung für Bildung. Er beschränkte und beschränkt sich auch heute nicht auf den Austausch zwischen den Eltern und ihren Söhnen und Töchtern, sondern bezieht weitere Verwandtschaftslinien mit ein – Neffen und Nichten sowie noch entferntere Verwandte. Die Initiative zu solchen Transfers kann dabei von beiden Seiten ausgehen: Mitglieder der jüngeren Generation suchen Beratung und Unterstützung für ihre Ausbildungs- und Berufskarrieren, oder das beruflich erfolgreiche aufgestiegene Familienmitglied sucht von sich aus einen „Erben" für seine Expertise, Kontakte und ähnliches. Letzteres geschieht besonders dann, wenn er oder sie keine eigenen Kinder hat oder diese, was öfters vorkommt, trotz vieler Investitionen akademisch nicht erfolgreich sind. Auch dieses Phänomen lässt sich in der Yob-Familie beobachten, wo etwa der Haushalt eines Sohns von Anselmy, der als Universitätsdozent und später Direktor des Ghanaian Institute of Languages in Accra lebt, aber keine leiblichen Kinder hat, zum Anziehungspunkt für eine ganze Reihe von mehr oder weniger entfernten Neffen und Nichten wurde. Sie wollen sich in Accra weiterbilden und Jobs suchen und liefern als Gegenleistung für Unterkunft und Unterstützung oft wichtige Hilfsdienste im Haushalt ihres Gastgebers.[14]

Gerade für den intergenerationellen Transfer von für Bildungsaufstieg und Zugang in neue Arbeitsfelder wichtigen Ressourcen werden also erweiterte Familiennetzwerke genutzt. Parallel dazu werden im Fall der Familie von Yob und anderen Dagara-Familien mit bäuerlicher Herkunft nach wie vor auch die traditionellen Ressourcen von Land und Gehöft nach den klassischen patrilinearen Vererbungsregeln transferiert. Allerdings verändert sich die Bedeutung dieser traditionellen Transfers mit dem Funktionsverlust der Familie als bäuerlicher Produktionseinheit. Sanktionsmittel, um die intergenerationelle Solidarität jenseits des Einzelhaushalts abzusichern, sind für die nicht mehr oder kaum noch von der Landwirtschaft lebenden Haushalte stumpfer geworden. Sie liegen für die nicht-bäuerlichen Verwandten eher darin, den in die Städte abgewanderten Familienmitgliedern soziale Wertschätzung und Zugehörigkeit zu verweigern, was in Ghana durchaus auch im städtischen Milieu unter anderen Mittelklassenangehörigen wahrgenommen wird. Große öffentliche Beerdigungen sind

---

14 Vgl. auch Alber 2016 mit Beispielen zu Haushaltshilfen in klassenheterogenen Gebildeten-Haushalten in Benin.

die wichtigste Arena, auf der solche Anerkennungskämpfe ausgetragen werden (Lentz 2009).

Eine aufschlussreiche familiengeschichtliche Studie zu Südghana, wo der Zugang zu höherer Bildung schon seit dem neunzehnten Jahrhundert möglich ist, zeigt, dass das skizzierte Muster des breit gestreuten Ressourcentransfers für die neuen Berufszweige mindestens zwei oder drei Generationen lang so blieb (Noll 2020). Frühestens in der dritten Generation bildete sich hier beispielsweise eine enger an einen einzelnen Zweig der ländlichen Ursprungsfamilie gebundene Rechtsanwalts- oder Ärztedynastie aus, die Ressourcen im eigenen engeren Kreis transferiert. Langzeitstudien zu beruflichen und geschäftlichen Traditionen in europäischen Familien haben übrigens ebenfalls festgestellt, dass die relevanten Ressourcen oft nicht in der engeren Familie transferiert werden konnten, sondern entferntere Verwandte einbezogen wurden.[15] Und nicht immer gelang und gelingt die intergenerationelle Kontinuität, wie etwa der Klassiker zur *Angst vor dem Absturz* von Barbara Ehrenreich (1994) zeigt.

Intragenerationelle Arbeitsteilung

Das Thema der intragenerationellen Aushandlung von Rechten und Pflichten und der Koordination geschwisterlicher Lebensläufe klang schon an. Es ist eng mit dem intergenerationellen Austausch verbunden und für Möglichkeiten und Hemmnisse sozialer Mobilität wichtiger, als man auf den ersten Blick annimmt. In den bäuerlichen Haushalten, aber auch in den Familien, in denen sich ein Umbruch in Richtung auf neue Tätigkeitsfelder vollzieht, bedarf der Aufstieg eines der Geschwister in aller Regel des Konsenses, wenn nicht der aktiven Unterstützung der anderen. Dabei bieten die Beziehungen zwischen Geschwistern, auch Cousins und Cousinen, wenn es sich um eine Mehrgenerationenfamilie mit mehreren benachbarten Lineages handelt, auch Stoff für Konflikte. Die zeitliche Verknüpfung von Lebensläufen, die Aushandlung von Arbeits- und Rollenteilung, Zeitpunkten von Ausbildung, Berufstätigkeit und Familiengründung sowie die Erwartung gegenseitiger (oder auch einseitiger) Unterstützungsleistungen sind komplex.[16]

---

15 Vgl. dazu etwa die Arbeiten von Davidoff & Hall 1987, Von Saldern 2009 und Derix 2016.
16 Der Sammelband von Alber, Coe & Thelen (2013) erkundet unterschiedliche Facetten von Geschwisterbeziehungen und betont ihre oft vernachlässigte Wichtigkeit; besonders die Fallstudie von Obendiek (2013) in diesem Band zu chinesischen Bildungskarrieren mit geschwisterlicher Unterstützung bietet viele Parallelen zum hier diskutierten ghanaischen Beispiel. Glen Elder

In der Yob-Familie können wir deutliche Veränderungen in den geschwisterlichen Beziehungen beobachten. In der Generation des Katecheten Anselmy war die Arbeitsteilung zwischen den Brüdern letztlich durch den Vater Yob und dessen Brüdern und Cousins bestimmt und richtete sich nach den Arbeitserfordernissen in der Landwirtschaft. Die kulturelle Regel war, dass der älteste Sohn als erster von der sowieso nur temporären Arbeitsmigration zurückkehren musste, wenn der Vater auf dem Hof mehr Unterstützung brauchte. Sobald der Vater gestorben war, übernahm dieser älteste Sohn den Hof und konnte seine Brüder bitten, ihn zu unterstützen oder aber ihnen Teile des väterlichen Lands für ihre eigene Wirtschaft zuteilen. Die jüngeren Brüder hatten, wie schon erwähnt, weniger Landressourcen, dafür aber mehr Spielräume für Mobilität. In Gesprächen mit mir erinnerten sich Anselmys älterer und einer seiner jüngeren Brüder durchaus an vergangene, nicht realisierte Träume von anderen Möglichkeiten als der rein bäuerlichen Existenz. Sie formulierten ein gewisses Bedauern über den Zwang zur Rückkehr in den Norden und deuteten Konflikte über die Rollenaushandlungen zwischen den Brüdern an. Dabei spielten auch Temperaments- und Persönlichkeitsunterschiede eine Rolle. Anselmy etwa war, wie schon erwähnt, besonders eigensinnig und entzog sich Zumutungen seiner Brüder durch zeitweilige Ansiedlung auf Familienland, das weit vom brüderlichen Gehöft entfernt lag. Doch blieb bei allen Brüdern der Zugang zu Familienland, und mit dem Land Zugehörigkeit zur Lineage und zum Klan, die wichtige letzte Sanktion, die die Koordination der Lebensläufe unter dem Primat der bäuerlichen Wirtschaftseinheit sicherte.

Bei Anselmys allesamt schul- und meist auch universitätsgebildeten Kindern, acht Söhnen und einer Tochter, die zwischen 1938 und 1963 geboren wurden, lässt sich beobachten, dass gerontokratische Regeln der Entscheidungsfindung und Autoritätsrollen durchaus noch eine Rolle spielen. Der älteste Bruder muss prinzipiell konsultiert werden, ehe die jüngeren einen Ausbildungsweg einschlagen oder ein berufliches Engagement übernehmen. Im konkreten Fall von Anselmys Kindern ist allerdings schwer einzuschätzen, ob das auch der Fall wäre, wenn der älteste nicht, wie tatsächlich geschehen, Priester, Leiter des Priesterseminars und dann Bischof geworden wäre. Möglicherweise wäre dann ein beruflich erfolgreicherer jüngerer Bruder der Entscheidungsmacher geworden, was ich bei etlichen anderen Familien beobachten konnte. Dennoch gab und gibt es auch dort zumin-

---

(1994) prägte den Begriff „linked lives", um die Einbindung individueller Bildungs- und Berufsbiografien sowie Haushaltsgründungen in größere Familien- und Verwandtschaftskontexte zu konzeptualisieren.

dest eine Referenz auf die Altershierarchie als Grundlage für Entscheidungsbefugnisse.

Was aber neu ist: Wer nach Schulbildung und ersten beruflichen Stationen in den Norden zurückkehrte, um den alternden Vater und die Mutter in der Landwirtschaft zu unterstützen, richtete sich nicht nach dem Alter der Söhne. Ausgesucht wurde vielmehr derjenige, der am wenigsten beruflich aufgestiegen, am wenigsten erfolgreich im nicht-bäuerlichen Sektor war. Die geschwisterlichen Lebensläufe werden also an Knotenpunkten, an denen solche Entscheidungen getroffen werden müssen, mit außerfamiliären Konstellationen von Bildungsangeboten, Arbeitsmarkt und wirtschaftlicher Konjunktur verzahnt. Im Fall von Anselmys Kindern wurde der zweitälteste Sohn Bartholomew auf den väterlichen Hof zurückbeordert. Er hatte als Landwirtschaftsberater für die deutsche Gesellschaft für Internationale Zusammenarbeit in Ghana gearbeitet, war schon im Norden des Landes stationiert, kränkelte etwas und konnte keine weiteren Aufstiegsmöglichkeiten in seiner Anstellung erwarten. Der älteste Sohn leitete erfolgreich das Priesterseminar; den jüngeren Söhnen, die noch im Studium waren, wollten der Vater und der im Hintergrund Entscheidungen kanalisierende älteste Sohn den Weg in die Zukunft nicht verbauen.

Dabei ging es nicht nur um die Koordination der Berufskarrieren der Brüder. Ebenso wichtig war die zeitliche Abstimmung der Heiratspläne und Familiengründung. Für die Entscheidung, dass Bartholomew nach Hamile zurückkehren sollten, war auch relevant, dass er längst verheiratet war und dass er als einziger der verheirateten Brüder keine schulgebildete berufstätige Ehefrau hatte. In das Gehöft sollte ja nicht nur eine männliche Arbeitskraft zurückkehren, sondern auch eine Frau, die auf dem Land mitarbeiten und im Gehöft die ältere Generation mitversorgen würde. Bartholomews Brüder und seine Schwester begriffen diese Rückkehr in das elterliche Gehöft durchaus als „Opfer", das das Ehepaar für das Familienwohl brachte. Sie unterstützten die Rückkehrer entsprechend großzügig mit Geld und Geschenken und kümmerten sich intensiv um die Bildungswege von Bartholomews Kindern.

Seniorität unter den Geschwistern hat also für Fragen der Autorität, Entscheidungsbefugnisse und Rollenteilung eine wichtige Bedeutung, aber dieses Prinzip wird durchkreuzt von Aspekten der sozialen Position in der außerfamiliären Welt. Darin spiegelt sich auch, dass sich mit der Auflösung der Familie als bäuerlicher Produktionseinheit die früheren Kriterien der Statuszuweisung verändern und Respektabilität auch von einer anderen Gemeinschaft zuerkannt wird als nur der dörflichen. Die dörflichen Akteure kennen gleichwohl diese andere Welt, und es existieren verschiedene Statusordnungen und Autoritätshierarchien parallel und gelegentlich auch im Konflikt miteinander. Zwischen den Geschwistern ebenso wie zwischen den Generationen manifestiert sich dieser potenzielle Konflikt vor allem dann sichtbar, wenn Rangordnung aufgeführt werden muss, etwa wenn umständlich ausgehandelt wird, in welcher Reihenfolge gegrüßt und gesprochen wird oder wer welchen Sitzplatz zugewiesen bekommt, egal ob im Gehöft oder im Auto.

Auch ohne die Einbindung in eine bäuerliche Wirtschaft bleiben die geschwisterlichen Beziehungen wichtig für gegenseitige Unterstützung. Sie können Ressourcen für den Aufstieg, aber auch ein Sicherheitsnetz bei drohendem Abstieg sein. Bei Anselmys Kindern habe ich beobachtet, dass sie den eigenen beruflichen Erfolg bewusst als Chance ansehen, das öffentliche soziale Prestige der Familie zu mehren und damit wiederum die Aufstiegsmöglichkeiten anderer Familienangehöriger zu befördern. Familie ist eben auch eine wichtige symbolische Ressource, die mit dem Verlust der Funktion als Produktionseinheit nicht verschwindet. Es überrascht allerdings nicht, dass trotz der potenziellen gegenseitigen Förderung die Aushandlung, wie genau individuelle Lebensläufe sich familiären Konstellationen anpassen sollen und wer dabei wie gewichtig mitreden darf, Stoff für zahlreiche Konflikte bietet. Und nicht nur in Yobs und Anselmys Familie, auch in vielen anderen Familien, in denen einige Angehörige in die Mittelklasse aufsteigen, wird über die Einschränkung individueller Lebensplanungen durch Eltern oder Geschwister ebenso wie über die Belastung durch materielle und soziale Verpflichtungen gegenüber der Herkunftsfamilie als Hemmnis für Investitionen in die eigenen Nachkommen geklagt (Lentz 1994).

* * *

Die Mikrodynamiken innerhalb und zwischen den Generationen der Familienmitglieder, die ich hier diskutiert habe, sind natürlich nicht isoliert zu betrachten. Die Bedeutung der zeitlichen Dynamik des Arbeitsmarkts und allgemein der Wirtschaftskonjunktur für außerbäuerliche Bildungs- und Berufsbiografien habe ich schon erwähnt. Es kommt hier genau darauf an, wie individuelle Zeit, familiäre Zeit, d.h. die Koordination der verschiedenen Lebensläufe, und historische Zeit ineinandergreifen, um Harevens (1977) Formulierung nochmals aufzugreifen. Darüber hinaus ist die Frage wichtig, welche sozialen Aufgaben bei der Familie verbleiben und welche traditionell familiären Unterstützungsleistungen auf andere Institutionen ausgelagert werden können und auch tatsächlich werden. Zur Frage, wie sich wohlfahrts- und sozialstaatliche Einrichtungen und die entsprechenden politischen Rahmenbedingungen auf Familie und Verwandtschaft auswirken, haben Patrick Heady und seine Kolleginnen und Kollegen in einem groß angelegten vergleichenden Forschungsprojekt gezeigt, welch große Bandbreite von Konstellationen hier schon für verschiedene europäische Länder existiert (Heady 2010). Für Ghana liegt eine solche systematische Untersuchung meines Wissens noch nicht vor. Es gibt jedoch eine Reihe von Fallstudien, die unter anderem auch die Gestaltung von Familienbeziehungen im Kontext transnationaler Migration untersuchen.[17] Gerade bei transnational vernetzten Mehrgenerationenfamilien spielen gesetzliche Regelungen zu Staatsbürgerschaft, Grenzregime und die Verzahnung unterschiedlicher Sozialversicherungssysteme eine wichtige Rolle. Im Fall der Yob-Familie ist transnationale Migration bisher eher die Ausnahme, aber sie wird in einigen Lineages der erweiterten Familie zunehmend wichtig.

Für die Koordination von individuellen Lebensläufen in der Familie wichtig sind auch die zur Verfügung stehenden Kommunikationstechnologien. Hier haben sich die Rahmenbedingungen in Nordghana seit den 1950er Jahren, besonders aber in den letzten zehn Jahren dramatisch gewandelt. Es ist sehr viel leichter geworden, aus den Städten im Süden des Landes das Gehöft in Hamile zu erreichen – und umgekehrt. Und jeder in Hamile hat inzwischen ein Mobiltelefon und schickt häufig Nachrichten an die Verwandten in der Diaspora. Besonders unter den jungen Familienmitgliedern sind WhatsApp-Gruppen und Facebook wichtige Medien, um sich gegenseitig auf dem Laufenden zu halten, aber auch um Notfälle und Krisen zu bewältigen. Die Netzwerke, wer sich hier gegenseitig informiert und mit wem Nachrichten teilt, sind auch breiter geworden; Verwandte zweiten und dritten Grades gehören oft zu solchen Gruppen, auch wenn das nicht zwangsläufig konkrete Unterstützungsleistungen nach sich ziehen muss. In gewisser Weise wachsen aber mit diesen schnellen Kommunikationsmedien auch wieder die wechselseitigen Kontrollmöglichkeiten. Über die Nachrichten werden neue innerfamiliäre Standards für Prestige und Anerkennung gesetzt, von denen man sich nicht ohne weiteres befreien kann. Gerontokratische Normen werden nicht ganz außer Kraft gesetzt, aber die Ältesten der Familie bleiben von diesen Formen der Kommunikation doch eher ausgeschlossen.

Ist die Einbindung der individuellen Lebensläufe in die Dynamiken der erweiterten Familie nun eher ein Aufstiegshindernis oder eine Aufstiegsressource? Diese Frage lässt sich wohl nicht eindeutig beantworten. Aber wir können beobachten, dass zumindest in den ersten Generationen von Aufsteigern, die für ihren Lebenserwerb die bäuerliche Subsistenzwirtschaft verlassen, weite Familiennetz-

---

17 Vgl. dazu etwa Coe 2014 zu transnationalen Kindspflegschaften und Großelternbeziehungen in Ghana; Beispiele von den Anstrengungen, einen transnationalen Familienzusammenhalt herzustellen, bietet auch Noll 2020. Zu transnationalen Verbindlichkeiten (und den Konflikten darum) am Beispiel kapverdischer Migranten vgl. Drotbohm 2010; zu kamerunischen Migranten in Deutschland Feldman-Savelsberg 2016, um nur einige Beispiele für afrikabezogene Fallstudien zu diesem Themenkomplex zu nennen.

werke wichtig bleiben. Diese Netzwerke werden aber flexibel definiert. Wie wir an der Zeitachse Yob – Anselmy – Anselmys Kinder sehen konnten, haben sich die Autoritätsrollen und Entscheidungsmuster verschoben. Verändert haben sich sowohl die Definition der Mitgliedschaft selbst als auch die Frage, welche Pflichten und Rechte mit welchen Mitgliedschaftskategorien verknüpft sind. Auf die rezenten Diskussionen um Familienmitgliedschaft im Haus von Yob und benachbarten Familien kann ich hier nicht näher eingehen; es geht dabei vor allem um die Frage, inwiefern patrilineare Definitionen modifiziert werden zugunsten der dauerhaften Einbeziehung ausgeheirateter Töchter und ihrer Kinder. Und auch hier lässt sich beobachten, dass Antworten auf diese Frage flexibel ausfallen und Töchter samt ihren Kindern dann weiterhin als Familienmitglieder behandelt werden, wenn ihnen sozialer Aufstieg gelungen ist und sie den Zugang zu außerfamiliären Ressourcen erleichtern können.

Martine Segalens Charakterisierung der Familie als „flexible und widerstandsfähige Institution" (1990: 3), die ich eingangs zitiert habe, trifft die Geschichte der Yob-Familie gut. Bei der Betrachtung, inwiefern die „verknüpften Lebensläufe" (Elder 1994) sozialen Aufstieg ermöglichen oder Abstieg auffangen können, gilt es auch, an die demografischen Zufälle und vielfältigen Unwägbarkeiten zu erinnern, die ich hier nicht explizit thematisiert habe, die aber gewissermaßen im Hintergrund lauern. Gerade im Angesicht von Wechselfällen von unvorhersehbarer Ehe- und Kinderlosigkeit, frühen Todesfällen, unerwarteten Krankheiten und dergleichen mehr sind erweiterte Familiennetzwerke eine durchaus leistungsfähige Institution. Familie und Verwandtschaft sind Konzepte, die zumindest im Prinzip den Grad von Verbindlichkeit und Verpflichtungsgefühl schaffen, den es braucht, um hier zu überbrücken, reparieren und auszugleichen.

In jedem Fall lohnt es sich, wenn man den dramatischen gesellschaftlichen Transformationsprozess von einer vorkolonialen und kolonialen bäuerlichen Gesellschaft zu einer postkolonialen, partiell industrialisierten, urbanisierten und stark globalisierten Dienstleistungsgesellschaft begreifen will, auch die Vermittlung von Bildungs- und Arbeitsbiografien durch die sich wandelnde Institution Familie in den Blick zu nehmen. Wie Ferguson und Li (2018) zu Recht unterstreichen, war und ist weltweit gesehen diese große politökonomische Transformation weder ein gradliniger Fortschritt von einer Agrargesellschaft in eine moderne urbanisierte Industriegesellschaft mit einem dominanten Sektor formalisierter Lohnarbeitsbeziehungen. Noch lassen sich die komplexen Muster von formaler und informeller Arbeit, von Kombinationen von Landwirtschaft mit anderen Einkommensquellen, von Urbanisierung ohne Industrialisierung, von unterschiedlichen Verknüpfungen sozialer Reziprozitäts- und Abhängigkeitsnetzwerke in einer ebenso undifferenzierten Erzählung des dystopischen Scheiterns (ibid.: 3) zusammenfassen. Eine ethnografische Mikroanalyse wie die der generationellen Umbrüche in der Yob-Familie, und generell die Untersuchung der familiären Vermittlung sozialen Wandels, kann hier einen wichtigen Baustein liefern, um ein nuanciertes Bild zu entwerfen.

Literaturverzeichnis

Aborampah, Osei-Mensah, und Niara Sudarkasa, Hrsg. 2011. *Extended Families in Africa and the African Diaspora*. Trenton, NJ: Africa World Press.
Alber, Erdmute. 2016. „Heterogenität als gelebte Praxis, Norm und Zukunftsgestaltung". In *Mittelklassen, Mittelschichten oder Milieus in Afrika? Gesellschaften im Wandel*, herausgegeben von Antje Daniel et al., 177–94. Baden-Baden: Nomos.
Alber, Erdmute, und Astrid Bochow. 2006. „Familienwandel in Afrika. Ein Forschungsüberblick". *Paideuma* 52: 227–50.
Alber, Erdmute, Cati Coe, und Tatjana Thelen, Hrsg. 2013. *The Anthropology of Sibling Relations. Shared Parentage, Experience, and Exchange*. New York, NY: Palgrave Macmillan.
Albera, Dionigi, Luigi Lorenzetti, und Jon Mathieu. 2016. „Introduction". In *Reframing the History Family and Kinship. From the Alps Towards Europe*, herausgegeben von Dionigi Albera et al., 7–18. Bern: Peter Lang.
Arbeitsgruppe Bielefelder Entwicklungssoziologen, Hrsg. 1979. *Subsistenzproduktion und Akkumulation*. Saarbrücken: Breitenbach.
Beck, Ulrich. 1986. *Risikogesellschaft. Auf dem Weg in eine andere Moderne*. Frankfurt am Main: Suhrkamp.
Behrends, Andrea, und Carola Lentz. 2012. „Education, Careers, and Home Ties. The Ethnography of an Emerging Middle Class from Northern Ghana". *Zeitschrift Für Ethnologie* 137 (2): 139–64.
Bennholdt-Thomsen, Veronika. 1981. „Subsistenzproduktion und erweiterte Reproduktion. Ein Beitrag zur Produktionsweisendiskussion". *Gesellschaft. Beiträge zur Marxschen Theorie*, 14: 30–51.
Bertaux, Daniel, und Paul Thompson. 1993. *Between Generations. Family Models, Myths and Memories*. London: Transaction Publishers.
Bertaux, Daniel, und Paul Thompson, Hrsg. 1997. *Pathways to Social Class. A Qualitative Approach to Social Mobility*. Oxford: Clarendon Press.
Bierschenk, Thomas. 2014. „From the Anthropology of Development to the Anthropology of Global Engineering". *Zeitschrift für Ethnologie* 139 (1): 73–98.
Braig, Marianne, und Carola Lentz. 1983. „Wider die Enthistorisierung der Marxschen Werttheorie. Kritische Anmerkungen zur Kategorie ‚Subsistenzproduktion'". *Prokla. Zeitschrift für politische Ökonomie und sozialistische Politik* 50: 5–21.
Caldwell, John. 1969. *African Rural-Urban Migration. The Movement to Ghana's Towns*. New York, NY: Columbia University Press.
Cherlin, Andrew J. 2012. „Goode's World Revolution and Family Patterns. A Reconsideration at Fifty Years". *Population and Development Review* 38 (4): 577–607.
Coe, Cati. 2014. *The Scattered Family. Parenting, African Migrants, and Global Inequality*. Chicago, IL: University of Chicago Press.
Davidoff, Leonore, und Catherine Hall. 1987. *Family Fortunes. Men and Women of the English Middle Class, 1780-1850*. Chicago, IL: University of Chicago Press.

Derix, Simone. 2016. *Die Thyssens. Familie und Vermögen*. Paderborn: Ferdinand Schöningh.
Drotbohm, Heike. 2010. „Begrenzte Verbindlichkeiten. Zur Bedeutung von Reziprozität und Kontribution in transnationalen Familien". In *Verwandtschaft heute. Positionen, Ergebnisse und Perspektiven*, herausgegeben von Erdmute Alber et al., 175–201. Berlin: Reimer.
Ehmer, Josef, Tamara K. Hareven, und Richard Wall, Hrsg. 1997. *Historische Familienforschung. Ergebnisse und Kontroversen*. Frankfurt am Main: Campus.
Ehrenreich, Barbara. 1994. *Angst vor dem Absturz. Das Dilemma der Mittelklasse*. Reinbek: Rowohlt.
Elder, Glen H. Jr. 1994. „Time, Human Agency, and Social Change. Perspectives on the Life Course". *Social Psychology Quarterly* 57 (1): 4–15.
El-Mafaalani, Aladin. 2012. *BildungsaufsteigerInnen aus benachteiligten Milieus. Habitustransformation und soziale Mobilität bei Einheimischen und Türkeistämmigen*. Wiesbaden: Springer VS.
Feldman-Savelsberg, Pamela. 2016. *Migranten, Recht und Identität. Afrikanische Mütter und das Ringen um Zugehörigkeit in Berlin*. Bielefeld: Transcript.
Ferguson, James, und Tania Murray Li. 2018. „Beyond the ‚Proper Job'. Political-Economic Analysis After the Century of Labouring Man". *Working Paper* 51. Cape Town: Institute for Poverty, Land and Agrarian Studies (PLAAS), UWC.
Goode, William J. 1963. *World Revolution and Family Patterns*. New York, NY: Free Press.
Goode, William J. 1974. „Family and Mobility". In *Class, Status, and Power*, herausgegeben von Reinhard Bendix und Seymour M. Lipset, 582–601. London: Routledge.
Goody, Jack. 1962. *Death, Property and the Ancestors. A Study of the Mortuary Customs of the LoDagaa of West Africa*. Stanford, CA: Stanford University Press.
Goody, Jack. 1972. *The Myth of the Bagre*. Oxford: Clarendon Press.
Hareven, Tamara K. 1977. „Family Time and Historical Time". *Daedalus* 106 (2): 57–70.
Hareven, Tamara K. 1999. *Familiengeschichte, Lebenslauf und sozialer Wandel*. Frankfurt am Main: Campus.
Heady, Patrick, Hrsg. 2010. *Family, Kinship and State in Contemporary Europe*. 3 Bde. Frankfurt am Main: Campus.
Hill, Paul B., und Johannes Kopp. 2013. *Familiensoziologie. Grundlagen und theoretische Perspektiven*. Wiesbaden: Springer VS.
La Fontaine, Jean S. 2001. „Family, Anthropology of". In *International Encyclopedia of the Social & Behavioral Sciences*, herausgegeben von Neil J. Smelser und Paul B. Baltes, 5307–11. Amsterdam: Elsevier.
Lentz, Carola. 1994. „Home, Death and Leadership. Discourses of an Educated Elite from Northwestern Ghana". *Social Anthropology* 2: 149–69.
Lentz, Carola. 1998. *Die Konstruktion von Ethnizität. Eine politische Geschichte Nord-West Ghanas, 1870-1990*. Köln: Köppe.
Lentz, Carola. 2006. *Ethnicity and the Making of History in Northern Ghana*. Edinburgh: Edinburgh University Press.
Lentz, Carola. 2008. „Hard Work, Luck and Determination. Biographical Narratives of a Northern Ghanaian Elite". *Ghana Studies* 11: 47–76.
Lentz, Carola. 2009. „Constructing Ethnicity. Elite Biographies and Funerals in Ghana". In *Ethnicity, Belonging and Biography. Ethnographical and Biographical Perspectives*, herausgegeben von Gabriele Rosenthal und Artur Bogner, 181–202. Berlin: Lit.
Lentz, Carola. 2013. *Land, Mobility, and Belonging in West Africa*. Bloomington, IN: Indiana University Press.

Lentz, Carola. 2015. „Elites or Middle Classes? Lessons from Transnational Research for the Study of Social Stratification in Africa". *Working Papers of the Department of Anthropology and African Studies of the Johannes Gutenberg University Mainz* 161.

Lentz, Carola. 2016. „African Middle Classes. Lessons from Transnational Studies and a Research Agenda". In *The Rise of Africa's Middle Class. Myths, Realities and Critical Engagements*, herausgegeben von Henning Melber, 17–53. London: Zed Books.

Lentz, Carola, und Andrea Behrends. 2012. „Education, Careers, and Home Ties. The Ethnography of an Emerging Middle Class from Northern Ghana". *Zeitschrift für Ethnologie* 137 (2): 139–64.

Lentz, Carola, Isidore Lobnibe, und Stanislas Meda. 2018a. „Family History as Family Enterprise? A Wissenschaftskolleg Focus Group's Views of a West African Family". *TRAFO – Blog for Transregional Research.* 2018. https://trafo.hypotheses.org/11214.

Lentz, Carola, Isidore Lobnibe, und Stanislas Meda. 2018b. „From History to Memory. A Wissenschaftskolleg Focus Group's Views of a West African Family - After Six Months Work". *TRAFO – Blog for Transregional Research.* 2018. https://trafo.hypotheses.org/11377.

Lobnibe, Isidore. 2019. „From the Narrow Pathways of the Black Volta Region to Wissenschaftskolleg zu Berlin. Navigating a Web of Kinship and Ways of Belonging with Carola Lentz". In *Zugehörigkeiten. Erforschen, Verhandeln, Aufführen im Sinne von Carola Lentz*, herausgegeben von Jan Beek, Konstanze N'Guessan, und Mareike Späth, 23–36. Köln: Köppe.

Meillassoux, Claude. 1976. *Die wilden Früchte der Frau. Über häusliche Produktion und kapitalistische Wirtschaft*. Frankfurt am Main: Syndikat.

Mitterauer, Michael, und Reinhard Sieder, Hrsg. 1982. *Historische Familienforschung*. Frankfurt am Main: Suhrkamp.

Neubert, Dieter. 2019. *Inequality, Socio-Cultural Differentiation and Social Structures in Africa. Beyond Class*. Cham: Palgrave Macmillan.

Noll, Andrea. 2016. „Family Foundations for Solidarity and Social Mobility. Mitigating Class Boundaries in Ghanaian Families". *Sociologus* 66 (2): 137–57.

Noll, Andrea. 2020 (im Erscheinen). *Verwandtschaft und Mittelklasse in Ghana. Soziale Differenzierung und familiärer Zusammenhalt*. Köln: Köppe.

Obendiek, Helena. 2013. „When Siblings Determine Your ‚Fate'. Sibling Support and Educational Mobility in Rural Northwest China". In *The Anthropology of Sibling Relations. Shared Parentage, Experience, and Exchange*, herausgegeben von Erdmute Alber, Cati Coe, und Tatjana Thelen, 97–121. New York, NY: Palgrave Macmillan.

Parkin, Robert, und Linda Stone, Hrsg. 2004. *Kinship and Family. An Anthropological Reader*. Malden, MA: Blackwell.

Sabean, David Warren. 2010. „Constructing Lineages in Imperial Germany. Eingetragene Familienvereine". In *Alltag als Politik, Politik im Alltag. Dimensionen des Politischen in Vergangenheit und Gegenwart. Ein Lesebuch für Carola Lipp*, herausgegeben von Michaela Fenske, 143–57. Berlin: Lit.

Sabean, David Warren, und Simon Teuscher. 2007. „Kinship in Europe. A New Approach to Long-Term Development". In *Kinship in Europe. Approaches to Long-Term Developments (1300-1900)*, herausgegeben von David Warren Sabean, Simon Teuscher, und Jon Mathieu, 1–32. New York, NY: Berghahn Books.

Saldern, Adelheid von. 2009. *Netzwerkökonomie im frühen 19. Jahrhundert. Das Beispiel der Schoeller-Häuser*. Stuttgart: Franz Steiner Verlag.

Schnegg, Michael, Julia Pauli, Bettina Beer, und Erdmute Alber. 2010. „Verwandtschaft heute. Positionen, Ergebnisse und Forschungsperspektiven". In *Verwandtschaft heute. Positionen, Ergebnisse und Perspektiven*, herausgegeben von Erdmute Alber et al., 7–44. Berlin: Reimer.

Segalen, Martine. 1990. *Die Familie. Geschichte, Soziologie, Anthropologie*. Frankfurt am Main: Campus.

Thelen, Tatjana, und Erdmute Alber, Hrsg. 2017. *Reconnecting State and Kinship*. Philadelphia, PA: University of Pennsylvania Press.

Wallerstein, Immanuel. 1974. *The Modern World-System. Capitalist Agriculture and the Origins of the European World-Economy in the Sixteenth Century*. New York, NY: Academic Press (und Folgebände).

Werlhof, Claudia von. 1985. *Wenn die Bauern wiederkommen. Frauen, Arbeit und Agrobusiness in Venezuela*. Bremen: Edition CON.

Carola Lentz 2

Gesprächsführung: Ralf Grötker
Forschung leben. Ein Interview mit der Ethnologin Carola Lentz

„Heute schaue ich tatsächlich mehr auf die Ähnlichkeiten zwischen den Menschen als auf die Unterschiede."

Frau Lentz, wie würden Sie sich selbst beschreiben: als Ethnologin? Westafrika-Forscherin? Familienhistorikerin?
Ich würde sagen: Carola Lentz ist eine unglaublich neugierige Person, mit vielen Fragen in allen Lebensbereichen, die sich auch mit ihren 65 Jahren immer noch offen und wissbegierig auf vielen verschiedenen Feldern sieht. Eines davon ist die Wissenschaft, und nicht zufällig die Ethnologie. Meine Position als Ethnologin gibt mir die enorme Chance und überall den passenden Vorwand, mich beobachtend hinzuzugesellen und Neues zu erfahren. Ethnologin zu sein, bedeutet für mich, mit Menschen aus allen gesellschaftlichen Schichten zu tun zu haben. Das können Bauern sein, Erdpriester, Polizisten, Lehrer oder Staatspräsidenten, wie der ehemalige ghanaische Präsident Jerry Rawlings, den ich im Rahmen eines Projekts zu afrikanischen Nationalfeiern einmal mit meinen Kolleginnen sprechen durfte. Bei dem Projekt haben wir auch eine Referatsleiterin im Auswärtigen Amt interviewt, und wir waren bei der Ehrengarde im Bendlerblock, um dort zu beobachten, wie Staatsprotokolle hierzulande funktionieren, im Vergleich zu Afrika.

Was mich jenseits meiner wissenschaftlichen Forschung interessiert, sind Opernaufführungen, aber auch Theater, Ausstellungen, Bücher und Kino. Es kommt eigentlich nicht vor, dass ich mir nicht zumindest einmal in der Woche irgendetwas anschaue. Darüber hinaus bin ich auch eine begeisterte Gastgeberin und Köchin.

Heute haben Sie einflussreiche Positionen, beispielsweise in der Berlin-Brandenburgischen Akademie der Wissenschaften und demnächst im Goethe-Institut, und blicken auf eine beachtliche akademische Karriere zurück. Hätten Sie sich so einen Weg träumen lassen, als Sie anfingen zu studieren?
Ich habe eigentlich studiert, weil ich mich nicht getraut habe, mich gegen meine Eltern zu stellen. Meine Welt war das Theater. Ich war eine richtige Theaternärrin. Während der Schulzeit haben wir in Zusammenarbeit mit dem Staatstheater Braunschweig experimentelle Projekte gemacht. Wir haben Wagners Oper *Rhein-*

gold als Sprechtheater aufgeführt! Das geschah unter der Anleitung eines charismatischen Dramaturgen, der mich sehr in seinen Bann gezogen hatte. Dieser Dramaturg ging dann nach Bochum, zu Peter Zadek, ans Schauspielhaus – und ich durfte für ein Praktikum als Assistentin mitkommen. Hannelore Hoger, Ulrich Wildgruber, Eva Matthes, Friedrich-Karl Praetorius… die waren damals alle in Bochum. In der Kantine habe ich viele von denen auch kennengelernt. Meine Eltern haben mir dann davon abgeraten, mich als Dramaturgieassistentin länger zu verpflichten. „Mach erstmal eine Ausbildung oder ein Studium, ans Theater kannst du immer", haben sie mir eingetrichtert. Dass das eine Fehleinschätzung war und dass so eine Chance, wie unter Zadek zu arbeiten, nicht noch einmal kommen würde, hatte ich zwar schon geahnt. Trotzdem habe ich mich vom Ratschlag meiner Eltern entmutigen lassen. Ich habe mich dann für ein Psychologiestudium eingeschrieben, weil ich dachte, dass dieses Studium mir helfen könnte, das schwierige familiäre Verhältnis besser zu meistern. Nach dem ersten Semester habe ich dieses Studium dann allerdings bereits wieder abgebrochen. Wir hatten nämlich ein Praktikum machen müssen, in verschiedenen Feldern, in denen Psychologen arbeiten – und den Berufsalltag, den ich dort erfahren hatte, fand ich ganz schwierig. Auch, dass in der Psychologie, wie sie an der Universität Göttingen gelehrt wurde, Verhaltensexperimente an Ratten, Lerntheorie und vor allem Statistik so wichtig waren, war nicht so meines. Ich habe mich dann kurzerhand für Germanistik eingeschrieben, auf Lehramt. Als zweites Fach habe ich Sozialwissenschaften gewählt oder wie das damals hieß: Sozialkunde. Wichtiger aber als die Fächerkombination war vielleicht, dass ich damals in Göttingen, Anfang der 1970er Jahre, in einem hoch politisierten Umfeld studiert habe, mit marxistischen Zirkeln und Arbeitsgruppen, die die Germanistik entideologisieren und die Soziologie politisieren wollten. Wenn ich mich richtig erinnere, habe ich bis ein Jahr vor dem Examen für das Studium keinen einzigen literarischen Text gelesen.

Und weiter?
Ich hatte immer schon nach Südamerika gewollt. Nach meinem ersten Staatsexamen habe ich mir diesen Wunsch erfüllen können. Ich bewarb mich bei der Kübel-Stiftung auf das Programm „Arbeits- und Studienaufenthalte". Meine Wahl fiel auf ein Projekt, das Radioprogramme für Minenarbeiter in Bolivien untersuchen wollte. Das Thema Arbeiterbildung lag für mich deshalb nahe, weil ich um die Zeit meines ersten Staatsexamens herum meinen Lebensunterhalt mit Unterrichten bei Arbeit und Leben verdient habe, einer Bildungseinrichtung des Deutschen Gewerkschaftsbundes.

Exakt fünf Tage nach meiner Ankunft in Bolivien gab es dort jedoch einen Militärputsch. Wir mussten uns buchstäblich im Hotel verschanzen und sind letztendlich über Peru nach Ecuador weitergereist. Dort habe ich dann mit meinen beiden Mitstipendiaten eine Studie zu einem Radiobildungsprogramm bei einer linkskatholischen Organisation durchgeführt. Am Ende habe ich dann, nach dem Referendariat und dem zweiten Staatsexamen für das Lehramt am Gymnasium, in Ecuador weiter geforscht, zur Arbeitsmigration von Mitgliedern indianischer Dorfgemeinden in der Hochlandregion, in der ich auch vorher schon ein paar Monate gearbeitet hatte. Und schließlich habe ich in Soziologie promoviert – und danach als Ethnologin weitergearbeitet.

Wer waren Ihre akademischen Lehrerinnen und Lehrer?
Einer meiner wichtigsten Lehrer war sicherlich der leider viel zu früh verstorbene griechische Sozialphilosoph und Politikwissenschaftler Kosmas Psychopedis an der Universität Göttingen. Ein großartiger Kant-, Hegel- und Marx-Kenner, der uns allen die Begeisterung für Nachfragen und Nachdenken über große gesellschaftliche Strukturprobleme beigebracht hat. Mein zweiter anregender akademischer Lehrer war der Soziologe Hans Paul Bahrdt. Ein wunderbarer Beobachter gesellschaftlicher Alltagsphänomene, die er in spannender Weise mit soziologischen Theorien in Verbindung bringen konnte. Er hat es geschafft, scheinbar selbstverständliches Handeln von alltäglichen Menschen so zu verfremden, dass es als verstehens- und erklärungsbedürftig erkennbar wurde.

Und in der Ethnologie?
Hier würde ich den großartigen Ethnologen und Globalhistoriker (auch wenn der Begriff der Globalgeschichte, glaube ich, damals noch nicht so verbreitet war) Eric Wolf nennen. Ich habe enorm viel von seinen Mikrostudien über Macht in mexikanischen Dörfern gelernt und vor allem von seinem Blick auf die Verbindungen zwischen dem Mikrokosmos der Dörfer und der „großen" Geschichte. Der zweite große Anreger für mich im Fach war Sidney Mintz, mit seinem eindrucksvollen Buch über die Geschichte des Zuckers, aber auch mit seinen für die damalige Zeit sehr innovativen biografischen Methoden.

Welche Auswirkungen hat Ihre Weise, Forschung zu leben und ständig unterwegs zu sein, auf Ihr Privatleben?
Ganz massive! Obwohl ich mich zum Beispiel als Forscherin intensiv mit dem Thema Familie beschäftige, hat meine Tätigkeit als Ethnologin vielleicht mit dazu geführt, dass ich nicht geheiratet und auch keine eigenen Kinder zur Welt gebracht habe. Stattdessen pflege ich Wahlverwandtschaften. Seit meinem ersten Aufenthalt in Nordghana Ende der 1980er Jahre bin ich quasi adoptiertes Mitglied der Bemile-Familie. Vergangenes Jahr hatte ich als Fellow am Wissenschaftskolleg ein Projekt, bei dem ich zusammen mit zwei meiner afrikanischen Verwandten

die Geschichte unserer gemeinsamen Familie untersucht habe. Diese Familiengeschichte hatte eigentlich ein Kapitel in einem Buch mit Lebensläufen von sozialen Aufsteigern in Nordghana werden sollen – dem Buch, für das ich bei re:work war, das bis heute noch nicht geschrieben ist und das ich immer noch schreiben möchte. Stattdessen habe ich bei re:work einen umfangreichen Aufsatz über die Mittelklasse in Afrika und im Globalen Süden verfasst. Aus meinem Plan für das Kapitel im Biografie-Buch ist dann die Idee für ein eigenes Buch geworden. Dafür hatten wir als eine kleine Arbeitsgruppe Fellowships am Wissenschaftskolleg – ich und einer meiner afrikanischen Neffen, Isidor Lobnibe, der eine Zeitlang mein Forschungsassistent war und jetzt als Professor für Ethnologie in den USA lehrt. Zur Gruppe gehörte auch noch ein Bruder, Stanislas Meda Bemile, der als Filmemacher und Kommunikationswissenschaftler arbeitet und seit den 1980er Jahren viele Ton- und Bildaufnahmen zu Familienfeiern gesammelt hat. Während der gemeinsamen Arbeit am Wissenschaftskolleg sind wir allerdings von dem Plan, ein Buch über die Familiengeschichte zu schreiben, wieder abgekommen. Wir sahen uns einfach nicht in der Rolle, etwas zu produzieren, was dann als die offizielle Geschichte der Familie angesehen worden wäre. Stattdessen befassen wir uns jetzt mit der Art und Weise, wie Familiengeschichte erinnert wurde und wird.

Wie kam es dazu, dass Sie in Ghana als Ethnologin in eine Familie aufgenommen wurden?
Ich glaube, das hat auch viel damit zu tun, wie die Dagara in Nordghana mit Namen umgehen. Dass Namen für etwas stehen, so wie etwa „Felix" für „der Glückliche", das gibt es auch bei uns. Aber bei den Dagara spielen die Botschaften, die Namen haben, noch eine größere Rolle. Darin kristallisieren sich Erfahrungen des Namensgebers; sie haben aber auch Voraussagekraft. Dem Getauften wird eine Botschaft mitgegeben. Der Vater meines afrikanischen Vaters Anselmy hatte als christlichen Taufnamen den Namen *Carolus* oder *Caralo*, wie die Dagara den Namen meist aussprachen. Ich heiße Carola! Das hat Anselmy bereits sensibilisiert. Der Dagara-Name meines Großvaters Carolus war *Yob* oder genauer: *Yob-bom*; das bedeutet so ungefähr „das Ding, das ich durch das Hinausgehen bekomme." Die Geschichte dazu war, dass mein afrikanischer Urgroßvater aus dem Dorf migriert war und in der Fremde eine Frau kennengelernt hatte, um dann mit dieser Frau und einem Sohn wieder in sein Dorf zurückzukehren. Dieses „Ding, das ich durch das Hinausgehen bekomme": das war der Sohn, der dann *Yob* genannt wurde! Dass ein Sohn meines Dagara-Vaters, Sebastian, also mein Adoptivbruder, in Deutschland studiert und promoviert hatte, wurde im Sinne dieser Namensprophezeiung gedeutet. Durch den Kontakt zu Sebastian wiederum bin ich in die Familie gekommen.

Gibt es so etwas in Ihrer deutschen Familie auch? Das Suchen nach Familienähnlichkeiten?
Als ich anfing, für meine Doktorarbeit in Südamerika zu forschen, hat meine Mutter immer eine Verbindung zu meinem Großvater mütterlicherseits ziehen wollen, der Kunsthistoriker und Dozent für Auslandswissenschaften war, an der TU Berlin. Auch ein entfernter Verwandter, Nicolaus Federmann, wurde ins Spiel gebracht, der als Söldner der Welser einen Zug von Konquistadoren von Venezuela über die Anden nach Kolumbien geführt hat. Federmann hatte im 16. Jahrhundert eine Reisebeschreibung geschrieben. Mein Großvater hatte diesen Text als Hobby-Ahnenforscher während der NS-Zeit ausgegraben und sich selbst in die Traditionslinie von Federmann gestellt. Ich hatte dafür als junge Frau nicht allzu viel übrig. Außerdem hatte ich es als Linke natürlich abgelehnt, mein eigenes Leben in linearer Fortsetzung zu einem NS-Ahnenforscher und einem Konquistadoren zu sehen. Jetzt aber, wo ich älter bin, interessiere ich mich für Familiengeschichte und schaue tatsächlich mehr auf die Ähnlichkeiten zwischen den Menschen als auf die Unterschiede.

Wenn Sie auf Ihre bisherige akademische Karriere zurückblicken – was waren die Highlights?
Der Einstieg in die Forschung in Ghana! Nach zwei für mich sehr harten Jahren in Ecuador war ich überwältigt von der großen Gastfreundschaft und davon, wie einfach es war, in Ghana Menschen kennenzulernen, auf allen Ebenen der sozialen Leiter. Meine Bindung an meine Adoptivfamilie kam bereits bei meinem ersten Aufenthalt 1987 zustande.

Menschlich begeistert hat mich auch, als ich für meine Studien zur Siedlungsgeschichte entlegene Dörfer in der Savanne besucht und dort Interviews mit den Dorfältesten geführt habe – Männern, selten Frauen, die zwar für unsere Verhältnisse ziemlich ärmlich gekleidet waren und auch keine Schulbildung hatten, aber als Hüter der Geschichte ihrer Vorfahren eine große Würde ausstrahlten. „Wir können reden", hieß es da immer, „aber nicht jetzt sofort. Du musst wiederkommen." Das gehörte einfach zur Etikette dazu, dass man niemanden ohne Vorbereitung mit Fragen überfallen konnte. Und wenn wir dann beim zweiten Besuch unter einem Schattenbaum saßen, bei einer Kalebasse Hirsebier, in die Savannenlandschaft schauten, und ich den Geschichten über die Jäger und Bauern zuhörte, die die Siedlung einst gegründet hatten – das waren schon sehr eindrucksvolle Momente. Nach den Interviews bekam ich oft ein Huhn oder eine Ente geschenkt und fuhr, das Flattervieh über die Lenkstange meines Motorrads gehängt, in mein eigenes Häuschen zurück in Ouessa, einem Dorf in Burkina Faso, an der Grenze zu Ghana.

Was treibt Sie an, als Forscherin: Erkenntnisse? Beziehungen?
Ruhm und Ehre! (lacht). Klar: Ich hätte gern einen Begriff geprägt, der von allen im Fach zitiert wird und bei dem dann in Klammern dahinter immer „Lentz" steht. Ist mir wohl leider (noch) nicht gelungen. Was mich intellektuell umtreibt, ist neue Verbindungen zwischen Erkenntnissen aus der Feldforschung und theoretischen Konzepten herzustellen.

Inwiefern ist Ihre Arbeit auch über den ethnologischen Tellerrand hinaus interessant – für jemanden, der nicht per se schon ein Interesse für Westafrika mitbringt?
Ich habe mich zum Beispiel viel mit der Frage befasst, wie Menschen Eigentumsansprüche ohne Grundbucheintragungen und einen starken Staat im Hintergrund verteidigen. Das machen die Dagara in Nordghana zum Beispiel durch Erzählungen, wie sich ihre Vorfahren angesiedelt haben und wem sie möglicherweise bei ihrer Wanderung begegnet sind. Sie erinnern dann auch daran, wie das Land aufgeteilt wurde, an welchen Bächen, Felsen oder großen Bäumen welche Grundstücke enden und wer wem welches Land bei welcher Gelegenheit zur Bearbeitung überlassen hat. In Ghana gehört ein solches mündliches Grundbuch, wie man es nennen könnte, immer noch zum Alltag. Aber auch in der Bundesrepublik hat es so etwas bei den Flurbereinigungen in den 1960er Jahren gegeben. Damals musste man feststellen: Viele Verkäufe und Tauschaktionen zwischen Großfamilien und Nachbarn in den Dörfern waren in der länger zurück liegenden Vergangenheit nicht verschriftlicht worden. Im Fokus meines Interesses standen vor allem die Erzählstrategien, die eingesetzt werden, um Ansprüche auf Land zu begründen – und die sind in Ghana keine völlig anderen als auch anderswo auf der Welt.

Ein anderes Beispiel sind Nationalfeiern. Die meisten afrikanischen Gesellschaften sind eher multi-ethnisch und divers, auch was die Klassenunterschiede betrifft. Dennoch schaffen sie es, ein Nationalbewusstsein aufzubauen. Wie machen sie das? Zum einen kann ich hier auf die Nationalismusforschung zur europäischen Geschichte zurückgreifen. Wie haben es die Franzosen im 19. Jahrhundert geschafft, einen Nationalstaat zu kreieren? Ich habe Studien gelesen über die Wichtigkeit von Militär und Schulen als national sozialisierende Institutionen, die Menschen aus allen Landesteilen miteinander in Kontakt bringen. Dann habe ich geschaut, welche dieser Wege auch in Afrika beschritten worden sind. Man kann aber auch andersherum fragen: Können wir in dem Maße, wie sich unsere europäischen Gesellschaften diversifizieren, von Afrika lernen? In Deutschland bauen wir auf die Vorstellung einer Kulturnation auf, deren Grundlagen vermeintlich gefährdet werden könnten durch zunehmende Heterogenität. Das muss aber nicht so sein! Länder wie Ghana sind ein gutes Beispiel dafür, wie es gelingen kann, auch unter Bedingungen starker Diversität einen Nationalstaat zu schaffen und zu bewahren.

Seit Oktober 2018 sind Sie Vizepräsidentin der Berlin-Brandenburgischen Akademie der Wissenschaften, ab November 2020 werden Sie Präsidentin des Goethe-Instituts sein. Für Carola Lentz, die Ethnologin, bedeutet das vermutlich: weniger Zeit für die Forschung – der Sie sich jetzt, wo Sie Seniorforschungsprofessorin sind, ja eigentlich ungestört widmen könnten. Was reizt Sie an Ihren Ämtern in der BBAW und im Goethe-Institut?
Ich hätte beide Ämter nicht angenommen, wenn ich nicht auch wissenschafts- und kulturpolitisches Engagement für wichtig halten würde und wenn ich mir davon nicht auch Gestaltungsspielräume versprechen würde. Im Falle der BBAW geht es mir unter anderem darum, die wissenschaftliche Kooperation mit dem Globalen Süden weiter auszubauen, in der Akademie, aber auch über die Akademie hinaus. Als mir die Präsidentschaft des Goethe-Instituts - für mich übrigens sehr überraschend - angeboten wurde, hat mich zunächst vor allem gereizt, dass ich dort sowohl meine ethnologische Neugier als auch meine Begeisterung für Oper, Theater, Literatur und Film einbringen kann. Nach Amtsantritt werde ich natürlich als gelernte Ethnologin erst einmal „teilnehmend beobachten" und die vielfältige Arbeit dieser Institution kennenlernen. Wie kann Kulturpolitik in einer postkolonialen Welt aussehen? In welchem politischen Spannungsfeld steht sie, was kann sie bewegen? Das ist eine große Herausforderung, und ich hoffe, dass ich dazu dann in ein paar Jahren sehr viel mehr sagen kann als jetzt.

Carola Lentz 3

Lebenslauf Carola Lentz

Carola Lentz ist Seniorforschungsprofessorin am Institut für Ethnologie und Afrikastudien (ifeas) der Johannes Gutenberg-Universität Mainz, wo sie von 2002 bis 2019 gelehrt hat. Nach der Promotion in Soziologie an der Universität Hannover (1987) war sie wissenschaftliche Mitarbeiterin am Institut für Ethnologie an der Freien Universität Berlin und habilitierte sich dort 1996 in Ethnologie. Von 1997 an war sie Professorin für Ethnologie an der Goethe-Universität Frankfurt, bis sie 2002 den Ruf an die Mainzer Universität annahm.

Ihre frühen Forschungen beschäftigten sich mit Arbeitsmigration und ethnischer Identität in indianischen Dorfgemeinden in Ecuador. Seit Ende der 1980er Jahre forschte sie zu Ethnizität, Geschichte der *chieftaincy* und des Kolonialregimes, Siedlungsgeschichte und Bodenrecht sowie Kulturpolitik im Norden Ghanas und in Burkina Faso. Für ihre Monographie *Land, Mobility, and Belonging in West Africa* (Indiana University Press) erhielt sie 2014 den renommierten Melville J. Herskovits Prize, der jedes Jahr von der African Studies Association für die beste englischsprachige Publikation zu Afrika verliehen wird. Von 2009 bis 2019 leitete sie außerdem eine Gruppe von Nachwuchsforschern und Studierenden, die in insgesamt zwölf afrikanischen Ländern die Unabhängigkeitsjubiläen und generell Nationalfeiern und nationale Erinnerungspolitik untersuchten. Daraus ist neben zahlreichen Publikationen auch ein großes Online-Archiv am ifeas entstanden, mit über 28.000 Bilddateien von Veranstaltungen, Zeitungsartikeln, Dokumenten und Erinnerungsobjekten (https://bildarchiv.uni-mainz.de/AUJ/).

Ihr aktuelles Projekt beschäftigt sich mit den Lebensläufen, Karrierestrategien und der Heimatverbundenheit der Mitglieder von vier Generationen einer im Norden Ghanas entstehenden Mittelklasse. Außerdem arbeitet sie gemeinsam mit einem ghanaischen Ethnologen, Isidore Lobnibe, an einem Buch über die sich verändernden Praktiken und Medien der Erinnerung einer ghanaisch-burkinischen Großfamilie. In diese Familie, der auch ihr Ko-Autor angehört, wurde sie 1987 aufgenommen.

Von 2011 bis 2015 war sie Vorsitzende der Deutschen Gesellschaft für Völkerkunde. Seit 2014 ist sie Mitglied der Berlin-Brandenburgischen Akademie der Wissenschaften, zu deren Vize-Präsidentin sie 2018 gewählt wurde. Im November 2020 wird sie das Amt der Präsidentin des Goethe-Instituts antreten.

Carola Lentz verbrachte 2012/13 ein akademisches Jahr am Forschungskolleg „Arbeit und Lebenslauf in globalgeschichtlicher Perspektive" (re:work) und forschte zu dem Thema *„Hard Work". Career Trajectories and Meritocratic Ideologies among four Generations of Northern Ghanaian Educated Men.*

Publikationen (Auswahl)

„Class and Power in a Stateless Society. Revisiting Jack Goody's Ethnography of the LoDagaa (Ghana)". *Goody Lecture* 2019, Max Planck Institute for Social Anthropology, Department II, Halle (Saale), 2019. https://www.eth.mpg.de/5317388/Goody_Lecture_2019.pdf.

mit David Lowe. *Remembering Independence*. New York, NY: Routledge, 2018.

„Culture: The Making, Unmaking and Remaking of an Anthropological Concept". *Zeitschrift für Ethnologie* 142, Nr. 2 (2017): 181–204.

„African Middle Classes. Lessons from Transnational Studies and a Research Agenda". In *The Rise of Africa's Middle Class. Myths, Realities and Critical Engagements*, herausgegeben von Henning Melber, 17–53. London: Zed Books, 2016.

„,I Take an Oath to the State, Not the Government.' Career Trajectories and Professional Ethics of Ghanaian Public Servants". In *States at Work. Dynamics of African Bureaucracies*, herausgegeben von Thomas Bierschenk und Jean-Pierre Olivier de Sardan, 175–204. Leiden: Brill, 2014.

Land, Mobility, and Belonging in West Africa. Bloomington, IN: Indiana University Press, 2013.

mit Thomas Bierschenk und Matthias Krings, Hrsg. *Ethnologie im 21. Jahrhundert*. Berlin: Reimer, 2013.

„The 2010 Independence Jubilees. The Politics and Aesthetics of National Commemoration in Africa". *Nations and Nationalism* 19, Nr. 2 (2013): 217–37.

mit Andrea Behrends. „Education, Careers and Home Ties. The Ethnography of an Emerging Middle Class from Northern Ghana". *Zeitschrift für Ethnologie* 137, Nr. 2 (2012): 139–64.

mit Godwin Kornes, Hrsg. *Staatsinszenierung, Erinnerungsmarathon und Volksfest. Afrika feiert 50 Jahre Unabhängigkeit*. Frankfurt am Main: Brandes & Apsel, 2011.

Ethnicity and the Making of History in Northern Ghana. Edinburgh: Edinburgh University Press, 2006.

„Von seiner Heimat kann man nicht lassen". *Migration in einer Dorfgemeinde in Ecuador*. Frankfurt am Main: Campus, 1988.

re:work Impressionen 2

ReM ReM Club – Remember Re:work Members

Der ReM ReM Club ist eine Initiative des Käte Hamburger Kollegs „Arbeit und Lebenslauf in globalgeschichtlicher Perspektive" an der Humboldt-Universität zu Berlin, kurz re:work.

ReM ReM steht für „Remember Re:work Members".

Der ReM ReM Club ist in erster Linie ein Alumni Verein und mit dem Zweck gegründet, um einen Austausch mit aktiven und ehemaligen re:work Fellows zu ermöglichen, gemeinsame Ideen zu entwickeln und umzusetzen.

Der Verein lebt durch die Ideen und Beiträge seiner Mitglieder.

Sämtliche Spenden werden zu 100 Prozent für re:work-nahe Aktivitäten verwendet, wie zum Beispiel Workshops, Publikationen, thematische Exkursionen und kulturelle Veranstaltungen.

Wir sind für jede finanzielle Unterstützung dankbar!

Spendenkonto:
IBAN: DE09 1001 0010 0889 0081 06
SWIFT/BIC: PBNKDEFF
Postbank Hamburg

Der ReM ReM Club e.V. ist vom Amtsgericht Berlin (Charlottenburg) als gemeinnützig anerkannt. Spendenbescheinigungen können ausgestellt werden.

Sie wollen Mitglied werden? Bitte schreiben Sie uns: info@remember-rework.de
Weitere Informationen finden Sie hier: http://remember-rework.de

***

ReM ReM Club – ReMember Rework Members e.V.
Georgenstr. 23
D – 10117 Berlin

Steuernummer: 27 676 / 51430
Vereinsregisternummer: VR 34517

Käte Hamburger Kollegs

Im Jahr 2007, dem Jahr der Geisteswissenschaften, startete das deutsche Bundesministerium für Bildung und Forschung (BMBF) die Initiative „Freiraum für die Geisteswissenschaften". Sie bot neue Möglichkeiten, geisteswissenschaftliche Leistungen auf nationaler und internationaler Ebene sichtbar herauszustellen und voranzutreiben. Zwischen 2007 und 2011 wählte ein internationales Expertengremium neben re:work neun weitere Käte Hamburger Kollegs zu folgenden Themen:

Internationales Kolleg für Kulturtechnikforschung und Medienphilosophie (Bauhaus-Universität Weimar)

Verflechtungen von Theaterkulturen (Freie Universität Berlin)

Schicksal, Freiheit und Prognose. Bewältigungsstrategien in Ostasien und Europa (Friedrich-Alexander-Universität Erlangen-Nürnberg)

Morphomata. Genese, Dynamik und Medialität kultureller Figurationen (Universität zu Köln)

Rachel Carson Center für Umwelt und Gesellschaft (Ludwig-Maximilians-Universität München)

Imre Kertész Kolleg: Europas Osten im 20. Jahrhundert: Historische Erfahrungen im Vergleich (Friedrich-Schiller-Universität Jena)

Dynamiken der Religionsgeschichte zwischen Asien und Europa (Ruhr-Universität Bochum)

Recht als Kultur (Universität Bonn)

Politische Kulturen der Weltgesellschaft / Centre for Global Cooperation Research (Universität Duisburg-Essen)

Buchreihe
Work in Global and Historical Perspective

The series *Work in Global and Historical Perspective* is edited by Andreas Eckert (Humboldt University of Berlin), Mahua Sarkar (Binghamton University), Sidney Chalhoub (Harvard University), Dmitri van den Bersselaar (Leipzig University), and Christian De Vito (University of Bonn).

Work in Global and Historical Perspective is an interdisciplinary series that welcomes scholarship on work/labour that engages a historical perspective in and from any part of the world. The series advocates a definition of work/labour that is broad, and especially encourages contributions that explore interconnections across political and geographic frontiers, time frames, disciplinary boundaries, as well as conceptual divisions among various forms of commodified work, and between work and 'non-work'.

Edited by Andreas Eckert
GLOBAL HISTORIES OF WORK

Volume 1
2016, VI, 368 pp.
HC € 69.95 [D] /
RRP US $ 98.00 /
RRP £ 52.99
ISBN 978-3-11-044233-5

Nitin Varma
COOLIES OF CAPITALISM
Assam Tea and the Making of Coolie Labour

Volume 2
2016, VIII, 242 pp.
HC € 69.95 [D] /
RRP US $ 98.00 /
RRP £ 52.99
ISBN 978-3-11-046115-2

Edited by Mahua Sarkar
WORK OUT OF PLACE

Volume 3
2017, VIII, 254 pp.
HC € 69.95 [D] /
RRP US $ 98.00 /
RRP £ 52.99
ISBN 978-3-11-046168-8

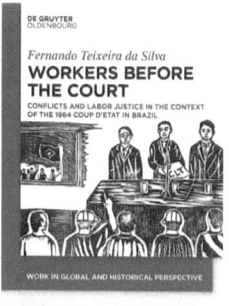

Adrian Grama
LABORING ALONG
Industrial Workers and the Making of Postwar Romania

Volume 4
2018, IX, 281 pp., 14 fig.
HC € [D] 73.95 /
RRP US $ 85.99 /
RRP £ 67.00*
ISBN 978-3-11-060233-3

Edited by Felicitas Hentschke, James Williams
TO BE AT HOME
House, Work, and Self in the Modern World

Volume 5
2018, XXII, 279 pp., 46 4c images.
HC € 39.95 [D] /
RRP US $ 45.99 /
RRP £ 36.50
ISBN 978-3-11-057987-1

Fernando Texeira da Silva
WORKERS BEFORE THE COURT
Conflicts and Labor Justice in the Context of the 1964 Coup d'etat In Brazil

Volume 6
2019, XXVIII, 263 pp., 9 fig.
HC € 86.95 [D] /
RRP US $ 99.99 /
RRP £ 79.00*
ISBN 978-3-11-063440-2

Ju Li
ENDURING CHANGE
The Labor and Social History of One Third-front Industrial Complex in China
Volume 7
2019, IX, 194 pp., 9 fig.
HC € 95.95 [D] /
RRP US $ 110.99 /
RRP £ 87.00
ISBN 978-3-11-062676-6

Véronique Plata-Stenger
SOCIAL REFORM, MODERNIZATION AND TECHNICAL DIPLOMACY
The ILO Contribution to Development (1930–1946)
Volume 8
2020, approx. 350 pp., 11 fig.
HC € 86.95 [D] /
RRP US $ 99.99
RRP £ 97.00
ISBN 978-3-11-061597-5

re:work Impressionen 3